KB114269

인생을 어떻게 살면 좋겠냐고 묻는

아들에게

인생을 어떻게 살면 좋겠냐고 묻는
아들에게

한창욱 지음

정민
미디어

아들아, 너는 무한한 가능성을 지닌 소중한 사람이니
자신 있게 사람들을 대해라.
네가 웃을 때 우주도 웃고 신도 웃는다.

Prologue
막막한 어둠 속에서도
묵묵히 길을 찾아가는
아들에게

아마 열다섯 살쯤이었을 거야.

같은 반에 친해지고 싶은 여자아이가 있는데 어떻게 다가가야 할지 모르겠다며, 나에게 메일을 보내 방법을 물었지.

난 그게 참 신기했단다. 수줍음이 많아서 또래 여자에게 먼저 다가가지도 못하면서, 어떻게 낯선 아저씨에게 메일을 보낼 용기를 냈니?

밤새 고민한 끝에 답장을 보냈고, 몇 번의 메일을 주고받은 뒤에 너는 여자아이와 사귀게 되었다며 무척 기뻐했지.

세월이 흘러 대학 진학에 실패했을 때는 나를 찾아와 이렇게 물었지. 앞으로 인생을 어떻게 살면 좋겠냐고.

그때 우린 눈 덮인 금강을 걸으며 많은 이야기를 나눴어. 너는 무뚝뚝한 친아빠에게는 하지 못한 가슴속 말들을 마구 쏟아냈지.

나는 너의 마음은 물론이고 친아빠의 마음까지 헤아리다 보니, 정작 몇 마디 해주지도 못했어. 너를 기차에 태워 보내고 돌아서니 그게 참 아쉽더라.

우리가 다시 만났을 때, 너는 늠름한 대학생이 되어 있었지. 군대를 제대하고 뉴질랜드로 워킹홀리데이를 갔다 왔다며, 경험담을 신나게 늘어놓는 너를 지켜보는데 왜 그리도 가슴이 뭉클하던지.

'참 멋있게 자랐네!'

나는 속으로 내내 감탄했단다.

　행정고시를 포기하고 무작정 여행 중이라는 소식을 들었을 때는 내색하지 않았지만 나도 참 많이 속상하더라. 하지만 늘 그렇듯 널 믿는단다. 잠시 잠깐 방황하고 있지만 결국 묵묵히 너의 길을 찾아서 갈 거라고.

　잘 지내고 있지?

　결혼해서 너를 닮은 아들을 낳았다는 소식까지는 들었는데, 그 뒤로는 감감무소식이구나. 하지만 괜찮아. 무소식이 희소식이라고 하잖니. 난 네가 직장인으로서, 노부모를 모시는 아들로서, 늠름한 남편이자 아이의 아빠로서, 멋진 사회인으로서 열심히 살고 있으리라 믿는다.

출판사로부터 원고 청탁을 받았을 때 너와 네 아버지를 제일 먼저 떠올렸어. 그리고 세상의 수많은 부자지간을 떠올렸어. 이제 더없이 훌륭하고 더없이 자상하지만 조금은 무뚝뚝한 이 땅의 아버지들을 대신해서 《인생을 어떻게 살면 좋겠냐고 묻는 아들에게》를 써보려고 해.

언젠가 네가 그랬지? 고단하고 힘들어서 주저앉고 싶을 때마다 아저씨 편지를 읽으면서 힘을 낼 수 있었노라고.

이제 나도 너처럼 힘을 내서 최선을 다해 글을 써볼게.

내 마음이 너에게 가닿았고 그래서 너의 마음이 조금은 가벼워졌듯이, 책 속의 글들이 이 땅의 아들들에게 가닿기를 간절히 바라며……. 한순간일지라도 힘겨운 시절을 이겨낼 용기를 주고 마음의 위로가 되기를 소망하며…….

한창욱

인간관계가
서툰
아들에게

2

시간관리가
필요한
아들에게

3

미래를
준비하는
아들에게

4

사회생활을
시작하는
아들에게

6

성공을 바라는 아들에게

인생을 어떻게 살면 좋겠냐고 묻는 아들에게

아들아
너의 인생을 이렇게 살아라

1

인간관계가 서툰
아들에게

사람들과 교제할 때는
다소나마 상대방을
이롭게 해주는 것이 좋다.

_발타자르 그라시안

진짜 남자가 되자

'진짜 남자'란 도대체 어떤 남자일까?

여자들은 키 크고, 잘생기고, 몸 좋고, 옷 잘 입고, 유머러스하고, 돈 많은 남자가 진짜 남자라고 말하더라.

물론 그런 남자 중에도 진짜 남자가 있을 수 있지. 미국 최초의 유색인종 대통령 버락 오바마는 진짜 남자에 대해서 이렇게 정의했어.

"진짜 남자란 좋은 사람이고, 열심히 일하고, 친절하고, 공손하며, 인정을 베풀 줄 아는 사람이다."

남자로 태어난 이상 진짜 남자가 되어서 살아보는 건 어떻겠니?

아들아, 진짜 남자가 되어야 좋은 사람들과 함께 진짜 인생을 살아갈 수 있단다. 타인의 눈치나 살피는 그런 남자가 아니라, 내 갈 길을 묵묵히 가는 진짜 남자가 되렴.

나는 참 소중한 사람이야

어떤 환경에서 어떤 부모 밑에서 자랐든, 공부를 잘하든 못하든, 잘생겼든 못생겼든, 돈이 있든 없든 간에 나는 참 소중한 사람이야.

세월이 바뀌면 환경이나 상황은 바뀌게 마련이지. 기차를 타고 가다 보면 창밖의 풍경이 바뀌는 것처럼 자연스러운 현상이야. 하지만 단 하나 변하지 않는 것이 있는데, 그것은 바로 '나는 소중한 사람'이라는 사실이란다.

내가 태어난 것은 나의 뜻도 아니고, 부모의 뜻도 아니야. 굳이 거기에 뜻이 있다면 우주의 뜻이고, 신의 뜻이겠지.

그들이 사랑했기에 나는 이 세상에 올 수 있었던 거야. 이 세상에서 가장 힘센 자의 의지로 태어났으니 당연히 소중한 사람이지!

아들아, 너는 무한한 가능성을 지닌 소중한 사람이니 자신 있게 사람들을 대해라. 네가 웃을 때 우주도 웃고 신도 웃는다.

단점 대신 장점을 봐라

많은 이가 자신의 장점은 외면한 채 단점만 바라보며 콤플렉스에 시달리고 있어.

이런 생각을 한번 해보렴.

산토끼가 헤엄치지 못하는 걸 걱정하고, 바다거북이 걸음 느린 걸 걱정하며 평생을 산다면 우습지 않겠니?

인생은 단점이 아닌 장점을 무기 삼아 살아가는 거란다. 나의 장점을 스스로 발견해내서 그 장점을 키워가렴.

아들아, 지금은 잘하는 것이 아무것도 없더라도 걱정하지 마라. 굼벵이도 구르는 재주가 있다고 하잖니? 아직 찾아내지 못했을 뿐 분명 너만의 장점이 있어!

인사만 잘해도 호감을 살 수 있다

인간은 사회적 동물이어서 혼자 살아갈 수는 없어. 끊임없이 누군가와 만나 소통하고 협력해야 하는데, 그 첫걸음이 인사야.

인사는 상대방에게 나라는 존재와 내 마음을 알리기 위한 첫 번째 수단이지. 당신을 존중하고 있고, 호감을 갖고 있다는 표현인 셈이야.

사람의 마음은 보이지 않아서 가만히 있으면 내 편인지 아군인지 분간할 수 없어. 마음의 문을 열고 다가가서 인사를 해야만 상대방도 비로소 '아, 나에게 호감을 갖고 있구나!' 하고 눈치채는 거야.

인사할 때는 입가에 미소를 짓고, 상대방의 눈을 바라보며 활기차고 또렷하게 소리를 내라. 이때 상대방의 호칭이나 이름을 함께 불러주면 더 효과적이야.

아들아, 친해지고 싶은 사람이나 아는 사람을 만나면, 주저하지 말고 다가가서 인사를 건네라. 인사만 잘해도 좋은 이미지를 남길 수 있단다.

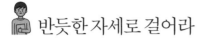 ## 반듯한 자세로 걸어라

척추는 우리 몸의 중심이야. 척추는 33개의 뼈로 구성되어 있는데, 위로는 머리를 받치고 아래는 골반과 연결되어 있지.

그런데 오랜 시간 책상에 앉아 있다 보면 척추가 굽어서 구부정하게 돼. 그 자세에서 일어나 걸어가면 마치 〈혹성탈출〉에 등장하는 침팬지처럼 되어버리지.

공부할 때도 한 시간에 한 번쯤은 일어나서 스트레칭을 해줘야해. 그래야 허리와 목의 긴장이 풀리고, 뇌에 산소가 공급되어서 집중력도 높아지거든.

스트레칭과 함께 길러야 할 습관은 반듯한 자세로 걷기야. 반듯하게만 걸어도 장시간 앉은 자세로 말미암아 구부정해진 뼈를 바로잡을 수 있거든. 무엇보다 걷는 모습이 힘차고 반듯하면 그 사람의 이미지 또한 반듯해 보인단다.

잘 걷고 싶다면 네 가지 사항을 명심하렴.

하나, 가슴은 내밀고 복부는 안으로 당겨서 반듯한 자세를 유지한다.

둘, 걸음걸이는 11자가 되게끔 일직선으로 걷는다.

셋, 두 팔을 앞뒤로 자연스럽게 흔들어서 발뒤꿈치, 발바닥 바깥, 엄지발가락 쪽으로 무게 중심을 이동하며 리듬감 있게 걷는다.

넷, 평소 보폭보다 10센티미터쯤 넓혀서 걷는다.

운동량이 부족하다고 느낄 때는 자주, 오래 걸을 필요가 있어. 운동 효과를 높이고 싶다면 걸음 속도를 빨리하면 돼.

아들아, 굽은 허리를 펴고, 반듯한 자세로 힘차게 걸어라. 건강에도 좋고, 자신감도 생겨서 일석이조야.

먼저 다가가서 말을 붙여라

'저런 천사 같은 분하고 감히 나 같은 게 어울리기나 할까?'

'고백해도 분명 거절당할 거야!'

사귀고 싶은 사람이 있다면 먼저 다가가라. 지레 겁을 먹고 자기 검열을 할 필요도 없고, 미리 앞서 나갈 필요도 없어. 이런 생각들은 자신감을 떨어뜨리는 데다 너의 매력마저 없애버리거든.

로마 황제이자 스토아학파의 대표 철학자이며 《명상록》의 저자이기도 한 마르쿠스 아우렐리우스는 이렇게 말했지.

"용기가 없는 사람에게는 어떤 좋은 일도 생기지 않는다."

용기 내서 인사를 건네고 자연스럽게 말을 붙여봐. 단, 화제는 네가 좋아하는 분야보다는 상대방이 좋아하는 분야를 골라. 그런 화제가 떠오르지 않는다면 공통의 관심사를 화제로 삼아도 괜찮아.

아들아, 마음은 자기가 좋아하는 사람에게 열리지만 자기를 좋아해주는 사람에게도 열리는 법이지. 먼저 말을 붙이는 습관을 기르면 좋은 일들이 줄지어 기다리고 있단다.

대화할 때는 상대방의 눈을 봐라

눈은 마음의 창이야. 대화할 때 눈을 본다는 것은 '당신에게 관심이 있으며 지금은 오로지 당신과 함께하는 시간에 집중하고 있다'는 증거지. 따라서 서로 눈을 보며 대화하면 생각을 정확히 교환하고 마음을 전할 수 있어.

물론 목적을 갖고 대화하는 정치인이나 생각이 완전히 다른 경우에는 눈을 계속 마주칠 필요는 없어. 동의할 수 없는 의견이나 생각의 차이가 심한 경우, 눈싸움처럼 비쳐질 수도 있거든. 그럴 때는 슬쩍 시선을 내려서 인중이나 입술을 보면 돼.

누군가를 설득해야 할 때는 미소를 짓고 눈을 맞추며 대화하는 거야. 특히 이성과 대화할 때 계속 눈을 보면 호감도가 상승하지.

아들아, 대화할 때는 스마트폰을 내려놓고 상대방의 눈을 보아라. 익숙해지면 말로 표현하지 못한 마음속의 말들도 은근히 전할 수 있단다.

설득할 때는 천천히 말해라

대화할 때는 말하는 속도도 중요해. 흥분하거나 자신감이 부족하면 자신도 모르는 사이에 말하는 속도가 빨라지거든. 그러면 발음도 부정확해서 전달력이 떨어지고, 상대방이 생각할 수 있는 시간도 짧아서 너의 의도를 정확히 파악할 수 없게 돼.

그렇다고 말을 전체적으로 천천히 할 경우 상대방이 답답함을 느껴. 가장 좋은 방법은 속도를 조절하는 거야. 딱히 생각할 필요도 없고 중요하지 않은 이야기는 보통 속도로 하고, 설득하고 싶은 부분에서는 천천히 말하는 거지.

대화술의 달인인 버락 오바마나 스티브 잡스는 상황에 따라 말하는 속도를 조절해. 버락 오바마는 대중을 설득할 때, 스티브 잡스는 프레젠테이션을 하며 제품의 우수성을 알릴 때 말하는 속도를 늦췄지. 그 대신 몸짓과 표정에 의미를 담고, 강조하고 싶을 때는 침묵을 적절히 사용하고.

아들아, 너의 의도를 말로써 상대방의 뇌에 전달하기까지는 어느 정도 시간이 필요해. 말하는 속도를 늦춰서 상대방에게 정확히 전달해라.

충분히 존중해줘라

인간은 누구나 타인에게 존중받고 싶어 하지. 문제는 상대방에 대한 존중의 마음 없이 일방적인 존중을 원한다는 데 있어. 그래서 인간 세상에는 크고 작은 전쟁이나 말다툼이 끊이질 않는 거야.

요즘에는 명백한 사실을 들이대지만 그것 또한 폭력이라는 의미로써, '팩트 폭력'을 줄인 '팩폭'이라는 인터넷 속어가 널리 쓰이더라. 방관자로서는 재미있을지 몰라도 당사자 입장에서는 가혹한 폭력일 수 있어.

원만한 인간관계를 원한다면 비록 그것이 사실일지라도 상대방을 절대로 벼랑 끝에 몰아세워서는 안 돼. 쥐도 궁지에 몰리면 고양이를 문다는 말이 있잖아? 그 순간, 나에 대한 상대방의 존중도 사라지는 거야.

미국의 제30대 대통령 캘빈 쿨리지는 "누구도 자신이 받은 것으로 말미암아 존경받지 않는다. 존경은 자신이 베푼 것에 대한 보답이다"라고 했지.

아들아, 대화할 때는 상대방을 인정하고 충분히 존중해라. 존중하면 할수록 너 또한 존중받는단다.

공감하며 경청해라

상대방을 설득하려면 무엇이 필요할까?

언뜻 보면 생각을 전달하기 위해서 내가 말을 많이 해야 한다고 착각하기 쉬운데, 설득은 상호 소통을 통해서 원하는 바를 얻어내는 거야. 그러기 위해서는 '공감 경청'이 먼저 이루어져야 해.

사람들은 듣기보다 말하기를 좋아하지. 계급사회에서는 말하는 자가 권력이나 생사여탈권을 쥔 상전이었고, 듣는 자는 힘이 약해서 부림을 당하는 존재였거든. 대화의 주도권을 쥐게 되면 마치 세상의 주인공이 된 것만 같은 기분이 들지. 거기다가 속마음이나 고민을 털어놓으면 묵은 감정이 해소되면서 개운해지는 효과도 있거든.

그런데 세상이 바뀌면서 실리를 챙기려는 사람들이 생겨났고, 경청의 중요성이 커졌지. 미국 최고의 재무 설계사라 불리는 스테판 M. 폴란은 "최고의 대화술은 경청이다"라고 할 정도야.

공감 경청이란 귀담아듣기를 넘어 상대방의 입장에 서서 공감하는 거야. 즉, 상대방의 마음을 내 마음에 담는 행위라 할 수 있지.

아들아, 누군가를 설득하고 싶다면 공감하며 경청하는 습관을 길러라. 공감 경청만 잘해도 소모적인 언쟁을 피할 수 있고, 수많은 사람을 내 편으로 만들 수 있단다.

사적인 대화가 친밀도를 높인다

사귄 지 어느 정도 됐음에도 더 이상 가까워지지 않는 경우가 있어. 그건 서로가 마음의 문을 닫고 있기 때문이야. 그럴 때 사적인 대화를 나누면 마음의 문을 확연히 열 수 있어.

살아온 날들이나 취미, 가족관계, 장래 희망 같은 것을 들려주는 거야. 심리학에서는 '자기 노출'이라고 하지. 내가 먼저 자기 노출을 하면 상대방도 그에 대한 보답으로 자기 노출을 해서, 좀 더 친밀한 사이로 발전하게 돼.

하지만 사귄 지 얼마 안 된 사이라면 과도한 자기 노출은 피하는 게 좋아. 오히려 심리적 부담감을 느껴서 역효과를 낳을 수도 있거든.

아들아, 좋은 사람이라고 판단되면 사적인 대화로 먼저 마음의 문을 열어라. 인간관계라는 것도 결국 마음과 마음을 주고받는 일이란다.

친구의 꿈을 응원하고 격려해줘라

사막을 건너려면 물이 필요하듯, 꿈을 향해 나아가다 보면 누군 가의 격려가 필요해. 너도 그렇겠지만 친구 역시 마찬가지란다.

친구는 선의의 경쟁자야. 친구의 꿈을 응원해주고 아낌없이 격 려해주어라. 그러다 보면 나도 더욱 분발해야겠다는 생각이 들지.

지구에는 수많은 사람이 살아가지만 정작 어려울 때 네 손을 잡 아줄 사람은 몇 명 되지 않아. 친구가 어려울 때 기꺼이 손을 잡아 준다면, 그 친구 또한 네가 어려울 때 손을 잡아줄 거야.

에이브러햄 링컨은 "누군가를 당신의 편으로 만들고 싶다면, 먼 저 당신이 그의 진정한 친구임을 확신시켜라"라고 했지.

아들아, 한평생 살아가면서 나를 이해하고 알아줄 사람은 몇 명 안 된단다. 그들을 소중히 여기거라. 친구란 즐거움도 함께 누리고 고난도 함께 극복해가며 대나무처럼 함께 성장해가는 존재란다.

하루에 세 번 칭찬하는 습관을 길러라

남자들은 대개 칭찬에 인색해. 은연중에 형제나 친구를 경쟁자로 생각하기 때문이기도 하고, 칭찬이 인색한 사회에서 자라왔기 때문이기도 하지.

인간관계에서 칭찬은 무척 중요해. 적절하게 잘만 한다면 노력 대비 몇십 배의 효과를 볼 수 있거든.

호주 출신의 베스트셀러 작가 앤드류 매튜스는 "사람들은 누구나 다른 사람들의 인정을 받고 싶어 한다. 남들의 좋은 점만을 보고 기회 있을 때마다 칭찬해주기를 결심한다면, 상대방은 기분이 무척 좋아질 것이고 그 덕을 볼 것이다"라고 말했지.

칭찬에도 방법과 요령이 있어. 두리뭉실하게 하기보다는 구체적으로 칭찬하고, 타고난 재능보다는 과정에서 보여준 의지나 성실성을 칭찬하고, 객관적 판단보다는 주관적으로 판단한 것을 칭찬하는 게 좋아.

칭찬을 잘하려면 상대방에 대한 애정과 관심이 있어야 해. 그래야 상대방을 관찰할 수 있고, 그때그때 적절한 칭찬을 할 수 있거든.

　아들아, 매일 세 번은 칭찬하는 습관을 길러라. 한 번은 집밖에서
하고, 한 번은 집 안에서 하고, 마지막 한 번은 오늘 하루도 열심히
살아가는 너 자신에게 해라.

 식사를 함께해라

인간은 오랜 세월 적과 아군을 분류하며 살아왔어. 식사를 함께 한다는 것은 마음을 터놓을 수 있는 사이라는 의미야.

음식은 가족이나 가까운 사람들과 함께 먹어왔기 때문에 식탁에 마주 앉으면, 뇌는 상대방을 믿어도 되는 사람이라고 판단해서 긴장을 풀지. 맛있는 음식을 먹기 전에는 기대감으로 신경전달물질인 '도파민'이 분비되어 기분이 좋아지고, 식사하는 동안에는 '오피오이드'가 분비되어 활력이 넘치면서 유쾌해져.

대개 좋은 음식은 서로에 대한 호감을 불러와서 좋은 이미지를 남겨. 그래서 다음 만남을 기약하게 하지.

아들아, 친해지고 싶은 사람이 있으면 함께 식사해라. 처음에는 다소 어색할지라도 자주 식사하다 보면 가족처럼 친숙해진단다.

공통점이 늘어날수록 편해진다

친구를 사귄다는 것은 서로가 편한 사이가 되어가는 과정이기도 해.

편한 사이가 되려면 '다름'을 인정하고 받아들여야 하는데, 살아온 날들이나 성격이 나와 완전히 다른 경우에는 쉽지 않아. 상대방의 말과 행동을 예측할 수 없으니 뇌가 긴장을 풀지 못하기 때문이지.

나와 닮은 사람은 쉽게 친해지지만 나와 다른 사람은 편해지기까지 시간이 걸려. 그럴 때 살아온 날들이나 성격 중에서 공통점을 찾아내거나 운동 등의 취미 활동을 함께하다 보면 점점 편해져.

아들아, 나와 다르다 해서 체념하지 말고 공통점을 만들어가라. 어렵게 얻은 것일수록 가치도 높은 법이란다.

도움을 줄 때는 문제 해결에 초점을 맞춰라

세상일은 돈으로 다 해결할 것 같지만 사실은 그렇지도 않아. 돈은 문제 해결을 위한 수단에 불과하고, 진정한 목적은 그 뒤에 숨겨져 있는 경우가 상당수야.

지인이 도움을 청한다면 진정 원하는 것이 무엇인지부터 파악해라. 예를 들어서 그가 돈을 빌리려는 목적이 옷이나 책을 사기 위함이라면, 갖고 있는 옷이나 책을 빌려주면 돼.

독일의 종교개혁자 마르틴 루터는 성공의 비결을 이렇게 말하지.

"타고난 재능, 지식, 박학다식한 학식 등 이런 것들은 성공을 보장해주지 않는다. 그 대신 타인이 원하는 것을 포착하는 감각과 그것을 주려는 의지가 필요하다. 원하는 것을 찾아 최선을 다해 그것을 충족해준다면, 그러한 배려를 고맙게 생각하지 않을 사람이 어디 있겠는가?"

아들아, 도움을 줄 때는 문제 해결에 초점을 맞춰라. 충분히 배려해주면, 마음의 빚을 청산하기 전까지는 은혜를 쉽게 잊지 못한단다.

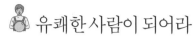 유쾌한 사람이 되어라

벌은 꿀에 모이고, 똥파리는 오물에 모이지.

인간도 자신에게 유리한 곳을 선호하는 경향이 있어. 이익을 주거나 정보를 제공하는 사람, 만나면 힘이 나는 긍정적인 사람의 주변으로 모여들거든.

우울한 사람과 있으면 괜히 우울해져서 쉽게 풀릴 일도 꼬이고, 유쾌한 사람과 있으면 괜히 기분이 좋아져서 꼬였던 일도 풀리지.

살아가다 보면 불안감에 사로잡힐 때도 있고, 말하지 못할 고민도 생겨. 문제는 어떤 시각에서 그 일을 바라보느냐에 따라서 기분이 달라진단다. 불안이나 고민을 괴물 같다고 생각하면 괴물과 마주한 기분이 들고, 꾀꼬리 울음소리 같다고 생각하면 세상이 울창한 숲처럼 느껴지지.

아들아, 불안과 고민 속에서 번뇌하며 살아도 한평생이고 유쾌하게 웃으며 살아도 한평생이야. 이왕이면 긍정 마인드를 갖고 유쾌하게 살아라.

거울에 얼굴이 비칠 때마다
환하게 웃어라

뇌는 실제 웃음과 가짜 웃음을 구분하지 못해. 즐거운 일이 없어도 웃다 보면 실제로 즐거운 일이 생기지.

좋은 일도, 나쁜 일도 참새 떼처럼 무리 지어 다니는 속성이 있거든. 거울에 얼굴이 비칠 때마다 이를 드러내고 환하게 웃으면 뇌는 좋은 일이 있는 줄 알고, 마법처럼 정말로 좋은 일들을 불러들여.

생각해보렴. 너에게 축하할 일이나 함께 나누고 싶은 고급 정보가 있다면, 인상을 쓰고 있는 친구와 환하게 웃고 있는 친구 중에서 누구에게 그 소식을 전하고 싶니?

사람의 심리는 비슷해. 찡그리거나 무표정한 사람보다는 웃고 있는 사람에게 눈길이 가고 호감을 느끼게 되어 있지.

미국의 심리학자 윌리엄 제임스는 "행복하기 때문에 웃는 것이 아니라 웃기 때문에 행복한 것이다"라는 유명한 말을 남겼지.

아들아, 거울을 볼 때마다 환하게 웃어라. 자주 웃다 보면 얼굴도 호감형으로 바뀌고, 인생도 즐겁게 바뀐단다.

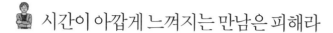 시간이 아깝게 느껴지는 만남은 피해라

만남에는 돈과 시간이 필요해. 소중한 돈과 시간을 쓰는 만큼, 그래서 의미 있는 만남이어야만 해.

그걸 어떻게 아냐고?

누군가와 헤어져 집으로 갈 때 발걸음이 가볍고 기분이 좋다면 의미 있는 만남이야. 그와 반대로 울적하고 함께 보낸 시간이 아깝게 느껴진다면 잘못된 만남이지. 이런 만남은 인생을 소모하고 있다는 찝찝함을 남기기 때문에 되도록 피하는 게 좋아.

나이가 어릴 때는 시간의 소중함을 몰라. 기껏해야 시험이 코앞에 닥쳤을 때, 헛되이 사용해버린 시간을 돌이켜보며 발을 동동 구를 뿐이지.

인생은 시간으로 이루어져 있어. 주어진 시간을 다 쓰면 내 의지와 상관없이 이 세계를 떠나야 해. 그래서 나이 먹을수록 시간의 의미를 깨닫고 만남을 소중히 여기게 돼.

영국의 철학자이자 정치가인 프랜시스 베이컨은 "시간을 선택하는 것은 시간을 절약하는 것이다"라고 했어.

아들아, 시간을 헛되이 낭비할 바에는 친구를 잃는 쪽을 택해라. 흘러간 시간은 돌이킬 수 없지만 친구는 새로 사귈 수 있거든.

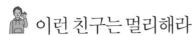 이런 친구는 멀리해라

친구는 나의 또 다른 얼굴이자 나의 인생이야. 빛나는 친구와 함께 있으면 나도 빛나고, 초라한 친구와 함께 있으면 나도 초라해져.

약속을 지키지 않는 친구는 멀리해라. 친구 사이는 신뢰가 바탕이 되어야 해. 그래야 마음이 든든한데 약속을 소중히 여기지 않는 친구는 오히려 마음을 허전하게 하지.

경쟁심이 지나쳐서 반드시 이기려고만 하는 친구는 멀리해라. 이런 친구는 자신이 잘되면 당연시하고, 네가 잘되면 질시를 하지. 결국 살아가는 데 도움은커녕 방해만 될 뿐이야.

다른 사람의 흉을 보는 친구는 멀리해라. 사이가 좋을 때는 괜찮지만 사이가 조금만 멀어져도 등 뒤에서 네 흉을 볼 거야.

영국의 극작가이자 시인이었던 벤 존슨은 "진정한 행복을 만드는 것은 수많은 친구가 아니라 훌륭히 선택된 친구이다"라고 했지.

아들아, 친구란 인생이라는 먼 길을 함께 가는 사람이다. 길을 가다 보면 늪에 빠질 수도 있고, 도적 떼를 만날 수도 있어. 힘을 합쳐서 어려움을 타개할 수 있는, 신뢰할 수 있는 친구와 동행해라.

본받을 점이 있는 선배를 사귀어라

'선배'란 내가 가야 할 길을 앞서 걸어간 사람이야. 인생길은 누구에게나 초행이어서 헤매는 건 당연해. 그래서 선배를 알아두면 살아가는 데 여러모로 도움 되지.

가능하면 두 부류의 선배를 사귀는 게 좋아. 한두 살 많은 선배와 나이 차가 많이 나는 선배를 사귀는 거야.

한두 살 많은 선배는 지금 당장의 어려움에 대하여 피부에 와닿는 직접적인 조언을 해줄 수 있어. 나이 차가 많이 나는 선배는 거시적인 안목으로 폭넓은 조언을 해줄 수 있지.

현실적으로 선배를 사귀기 어렵다면 가족이나 친척을 활용해봐. 그마저도 마땅치 않다면 유용한 조언을 해줄 멘토를 만드는 것도 하나의 방법이야.

로마 시대의 정치가이자 웅변가였던 마르쿠스 툴리우스 키케로는 "경험자로부터 지식을 구하라"고 했지.

아들아, 앞서 길을 간 사람의 조언은 황금보다 소중하단다. 친구의 폭을 넓혀서 본받을 점이 있는 선배를 사귀어라.

충고는 하지 마라

인간에게는 자신의 우위를 드러내고자 하는 인정 욕구가 있어. 자존감이 높은 사람은 성취를 통해 인정받으려는 반면, 자존감이 낮은 사람은 다른 사람을 깎아내림으로써 상대적 우월감을 느끼려 해.

특히 동료들에게 인정받지 못하고 있다 느끼는 사람들은 만만한 상대를 만날 경우, 어설픈 충고를 하지.

비난은 말할 것도 없고 충고 또한 '말로 하는 공격'이야. 아무리 좋은 의도라 할지라도 일단 공격을 받으면 기분이 나빠지면서 방어기제가 발동해.

물론 드물기는 하지만 긍정 마인드를 지닌 사람은 상황이나 상대방의 심리를 헤아려서 발전의 계기로 삼기도 해. 하지만 대다수는 충고를 듣게 되면, 공격으로 받아들여서 반격을 준비하지.

영국의 수필가 겸 시인인 조지프 애디슨은 "기꺼이 받아들일 충고라는 것은 없다"라고 했어.

아들아, 개선의 여지가 있는 사람은 충고하지 않아도 바른 방향으로 찾아가고, 개선의 여지가 없는 사람은 백번을 말해도 소귀에 경 읽기야. 그 어면 경우에도 충고는 안 하는 것만 못하단다.

독한 말은 삼가라

말은 대부분 의식을 통해서 나오는데, 때로는 무의식을 통해서 나오기도 해. 무심코 내뱉어놓고 뒤늦게 소스라치게 놀란 적 있지? 그런 경우는 무의식을 통해서 나온 말이야.

독한 말을 자주 내뱉는다면 괜찮은 척하고 있지만 심한 내상을 입었거나, 일이 뜻대로 풀리지 않아서 화가 많이 나 있는 상태라 할 수 있어.

왠지 부쩍 독한 말이 퍼붓고 싶어진다면 스스로를 돌아봐야 해. 가슴에 맺혀 있는 것은 없는지, 분노의 근원이 무엇인지를 파악해서 적절한 조치를 해라. 방치하면 소중한 사람들을 잃는 것은 물론이고 너의 인생마저 망가질 수 있어.

16세기 폴란드 소설가인 미콜라이 레이는 "말은 마음의 초상"이라고 했어. 독한 말을 내뱉으면 내뱉을수록 벼랑 끝에 내몰리는 기분이 들고 세상살이가 점점 힘들어져.

아들아, 독한 말은 상황을 점점 독하게 만들지. 한 번 뱉은 말은 주워 담을 수 없으니, 먼저 생각하고 나서 말을 뱉는 습관을 길러라.

모두에게 좋은 사람이 되려 하지 마라

세상을 무난하게 살아가는 것은 좋아. 그렇다고 해서 모두에게 좋은 사람이 되려고 애쓰지는 마라.

모두에게 좋은 사람은 상대방이 듣기 싫은 말도 못 하고, 거절 또한 못 하지. 그 이미지를 얻기 위해서 하고 싶은 말을 할 용기를 버렸고, 불편함을 감수하면서 개인적 자유를 잃어버렸으니 결코 현명한 처신이라고 할 수 없어.

아리스토텔레스는 "모두의 친구는 그 누구의 친구도 아니다. 모든 사람을 사랑하는 건 그 누구도 사랑하지 않는 것이니까"라고 경고했지.

행복하게 살아가려면 일상의 사소한 자유를 챙겨라. 그러기 위해서는 때론 상대방이 듣기 싫은 말도 하고, 단호하게 거절할 줄도 알아야 해.

아들아, 예수님도 성전에서 장사하는 이들에게 화를 내셨고 사회지도자들에게도 화를 내셨단다. 모두에게 좋은 사람이 되려 하지말고, 좋은 사람에게 더 좋은 사람이 되어라.

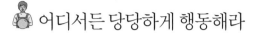 어디서든 당당하게 행동해라

청춘은 무한한 가능성을 지닌 씨앗 뿌리는 농부야.

농사일에 전념하다 보면 옷이 더러워지는 것은 물론이고 얼굴에 흙도 묻게 마련이지. 그런 것에 일일이 신경 쓴다면 진정한 농부가 아냐.

현재 나의 처지가 형편없다고 해서 주눅 들지 마라. 봄철에 정신없이 농사를 짓다 보니 현재 상황이 그럴 뿐이야. 힘들 때일수록 어깨를 활짝 펴고 고개 들어 너의 목표를 바라보아라.

포기하지 않고 꾸준히 앞으로 나아가다 보면 상황은 반드시 개선돼. 게임이 끝날 때까지는 승부를 알 수 없듯이, 인생을 다 살아보기 전까지는 누가 승자인지 모르는 거야.

프랑스의 소설가 앙드레 지드는 이렇게 충고했지.

"모든 사람은 경탄할 만한 잠재력을 가지고 있다. 자신의 힘과 젊음을 믿어라. '모든 것은 내가 하기 나름이다'라고 끊임없이 자신에게 말하는 법을 배워라."

아들아, 어디에서 누구를 만나든 당당하게 행동해라. 당당한 사람만이 기억에 남고, 결국 당당한 사람이 성공하는 법이란다.

만만하게 보이지 마라

한 번쯤은 〈동물의 왕국〉 같은 프로그램에서, 가젤이 사자나 치타 같은 육식 동물 앞에서 폴짝폴짝 뛰는 광경을 본 적이 있을 거야. 왜 가젤이 뛰는 것 같니?

그건 일종의 침묵시위야. '나는 절대 만만하지 않으니까 다른데 가서 사냥해!' 하고 온몸으로 외치는 거지.

용맹하기로 명성이 자자한 사자도 사냥할 때는 다쳤거나 잘 달리지 못하는 새끼가 우선순위야. 사냥 확률이 높다는 것을 본능적으로 아는 거지.

인간 세계에도 자기보다 약한 사람만을 골라서 괴롭히는 못된 부류가 있어. 만만해 보이면 공격 대상이 돼.

물론 그런 인간들은 피하는 게 상책이지만 피치 못하게 마주쳐야 할 때도 있지. 나 자신을 지켜야 할 순간이라고 판단되면 만만한 사람이 아니라는 것을 보여줘야 해. 누군가가 공격해 들어오면 침묵하지만 말고 적절하게 갚아줄 필요가 있어.

예를 들어서 상대방에게 언짢은 말을 들었다면 잘 보이려 억지 미소를 짓거나 고개를 끄덕이지 말고 불쾌하다는 감정을 드러내는 거야. 무리한 부탁을 받았는데 그 자리에서 거절할 수 없는 상황이라면, 시간을 질질 끌다가 거절하는 것도 하나의 방법이야.

　스페인의 작가 발타자르 그라시안은 "싫어하는 사람을 상대하는 것도 하나의 지혜이다"라고 했어.

　아들아, 평화주의자로 살아가되 결코 만만한 사람이 되지는 마라. 약해 보이는 자는 보호하기보다는 더 짓밟으려 드는 것이 힘을 가진 자의 속성이란다.

도와주되 보답은 기대하지 마라

뇌는 보상 심리에 길들어 있어. 인간관계에서도 마찬가지야. 내가 무언가를 해주었으면 그에 합당한 보답을 받기를 원해.

언뜻 보면 당연해 보이는 이런 유형의 기대감이 결국은 배신감을 느끼게 하지.

인간은 자기중심적이고 자기 위주로 생각하는 경향이 있어. '내가 하면 합법'이지만 '남이 하면 불법'이라는 말이 생긴 이유도 이 때문이야. 그러다 보니 타인에게 받는 도움은 당연시하면서 내가 준 도움은 특별한 은혜로 생각해.

인간관계에서 생기는 배신감은 '내가 얼마나 잘해주었는데 네가 나한테 이럴 수 있어?'라는 생각이 시발점이야. 깊이 생각할수록 배신감은 점점 더 커지지.

불경에도 '베풀어주되 베풀어준다는 그 생각조차 하지 말라'는 문구가 있어. 기대감이 마음속에서 싹트는 순간, 나눔의 기쁨은 사라져버리거든.

아들아, 친구가 도움을 청하면 기꺼이 도와주되 보답을 바라지 마라. 도움만 받으며 사는 인생보다는 베풀며 사는 인생이 가치 있는 법이란다.

호언장담하지 마라

자신감이 지나치면 호언장담이 돼. '손에 장을 지진다'거나 '내가 성을 간다'는 표현도 호언장담의 일종인데, 역사를 살펴봐도 호언장담했다가 망신당한 위인들의 사례는 가을철 낙엽처럼 널려 있어.

상황은 늘 변하고 기억 또한 나에게 유리한 쪽으로 왜곡되는 경향이 있어. 내가 100% 확신하는 것도 틀릴 수 있음을 항상 염두에 두어야 해.

인간관계에 능한 사람은 절대 호언장담하지 않아. 득보다 실이 더 크기 때문이야. 설령 내 말이 맞았다 하더라도 '신중하지 못하고 과격한 사람'이라는 인상을 주거든. 틀렸을 때는 신뢰가 추락하는 것은 물론이고 갖가지 손해를 감수해야만 하지.

'입찬말은 무덤 앞에 가서 하라'는 속담이 있어. 어떤 경우에도 절대로 호언장담은 하지 말라는 뜻이야.

아들아, 세상 만물은 변화하며 흘러가니 호언장담은 하지 마라. 세상 물정 모르는 겁 많은 강아지가 목이 쉬도록 짖는 법이란다.

인간관계 스트레스는 그날에 해결해라

병들게 하고 노화를 촉진하는 것 중 하나가 스트레스야. 그중 인간관계에서 비롯된 스트레스가 가장 치명적이지 싶다. 직장인이 퇴사하는 이유도 업무보다는 인간관계로 말미암은 스트레스가 80%를 차지한다는 조사 결과도 있지.

같은 조건에서 일하는 직원일지라도 어떤 사람은 전혀 스트레스를 받지 않는 반면, 어떤 사람은 극심한 스트레스에 시달리기도 해. 전자의 경우는 마음의 쿠션이 풍성하기 때문이고, 후자의 경우는 마음의 쿠션이 없기 때문이야.

외부에서 충격이 밀려왔을 때 두꺼운 스펀지는 충격을 이겨내는 반면, 신문지는 그대로 찢겨버리잖니. 스펀지 같은 마음을 갖고 있느냐, 신문지 같은 마음을 갖고 있느냐에 따라서 스트레스의 강도도 달라지는 거지.

마음의 쿠션이 풍성한 사람은 복원력 또한 탁월해서, 스트레스를 질질 끌고 가지 않고 그날에 해결해버려. 당사자하고 해결이 되지 않으면, 혼자서 이해하고 넘어가든지 용서해버리는 식이야.

심리치료사이자 베스트셀러 작가인 리처드 칼슨은 "스트레스는 우리의 환경과 상관없이 어떤 대상에 대해 너무 심각하게 생각할 때, 다시 말해 문제의 심각성을 부풀려서 생각할 때 생긴다"고 했지.

아들아, 세상일이란 트집을 잡으려 마음먹으면 트집 잡지 못할 것도 없고 이해하려 마음먹으면 이해하지 못할 것도 없단다. 잠들 때 웃는 사람이 그날의 승자이니, 스트레스는 그날에 해결해라.

해결되지 않는 상처는 봉인해둬라

인간관계를 하다 보면 상처가 생길 때가 있어. 가까운 사이일수록 마음의 상처가 깊을뿐더러 쉽게 잊히질 않아.

마음의 상처를 치유하기 위한 시도마저 무산되고 사이는 냉랭해져서 어쩔 수 없는 상처만 남는 경우도 있어. 이런 상처는 헤집다 보면 서로가 돌이킬 수 없는 내상을 입게 돼.

이럴 때는 마음 깊숙한 곳에 가상의 창고를 하나 만드는 거야. 문을 열고 그곳에 들어가서 가상의 상자를 열어. 상처를 넣은 다음 뚜껑을 닫고 상자를 봉인해. 창고 문을 닫고 나와서 다시 일상으로 돌아가는 거지.

세월이 흐른 뒤 창고에 가서 먼지로 뒤덮여 있는 상자를 열어보면, 상처는 추억으로 변해 있을 거야.

세월처럼 좋은 약도 드물어. 철강 재벌 앤드루 카네기는 "우리는 일 년 후면 다 잊어버릴 슬픔을 간직하느라고 무엇과도 바꿀 수 없는 소중한 시간을 버리고 있다. 소심하게 굴기에 인생은 너무나 짧다"라고 말했지.

아들아, 혼자서 해결할 수 없는 상처는 그대로 상자에 넣어서 봉인해두렴. 때로는 세월만이 치유할 상처도 있는 법이란다.

곤란한 상황에서는 결론에 집착하지 마라

남자들은 대화나 토론할 때 결론에 집착하는 경향이 있어. 생존을 위해서 사냥하고 그렇게 결과물을 중시하다 보니, 진화 과정에서 생성된 일종의 습관이야.

살다 보면 쉽게 결론을 내리기 어려운 상황에 맞닥뜨리게 돼. 그럴 때는 대개 성질 급한 사람이 결론을 내리고, 해결사 역할까지 떠맡게 되지. 물론 위험을 무릅쓰고 나설 만큼 가치 있는 일이라면 그나마 다행이지만 사실 그렇지 않은 경우가 허다해.

이솝 우화에도 '어려운 일은 시간이 해결해준다'는 말이 나오지. 상황은 시시각각 변하게 마련이므로, 시간이 최선의 해결책인 경우가 많거든.

아들아, 어려운 상황은 피해 가는 것도 삶의 지혜란다. '모르면 손을 빼라'는 바둑 격언처럼 아무리 생각해도 뾰족한 수가 없다면 일단 한 걸음 물러서라.

2
시간관리가 필요한
아들에게

승자는 시간을 관리하며 살고,
패자는 시간에 끌려가며 산다.

_ J. 하비스

목표를 설정하고 계획을 세워라

시간은 우리가 가진 유일한 자산이야.

이것을 어떻게 사용하느냐에 따라서 인생이 달라져. 원하는 인생을 살고 싶다면 시간을 효과적으로 사용해야 해. 다른 사람이 내 시간을 사용하지 못하도록 하고, 나 또한 시간 낭비를 최대한 줄여야 해.

그러기 위해서는 일단 뚜렷한 목표를 설정해야 해. 물론 인생이 반드시 꿈꾸는 대로 흘러가지는 않아. 하지만 목표가 뚜렷하다면 도전을 통해서 반드시 무언가를 얻어. 그것은 승리와 함께 주어지는 성취감일 수도 있고, 과정에서 얻는 인생의 소중한 깨달음일 수도 있어.

일단 뚜렷한 목표를 정한 뒤, 중기 목표와 단기 목표를 세우는 거야. 계획을 세웠으면 곧바로 실천에 들어가.

미국의 심리학자 디오도어 루빈은 "치밀하고 합리적인 계획은 성공하지만 어떤 느낌이나 불쑥 떠오른 생각에 의한 행동은 실패하는 경우가 많다. 큰 목표일수록 잘게 썰어라"라고 충고하지.

아들아, 인생의 봄에는 야망을 품고서 열심히 밭을 갈고 씨앗을 뿌려라. 그래야 추수의 계절에 환하게 웃을 수 있단다.

시작한 일은 매듭지어라

무슨 일이든 일단 시작하고 보는 습관도 나쁘지 않아. 다양한 일을 해볼 수 있으니까. 하지만 시작하고 나서 매듭도 짓지 않고 포기한다면 시간만 낭비하는 셈이야.

집중력을 발휘하기까지는 일정한 시간이 걸려. 진입로에 들어섰다가 돌아서고 들어섰다가 다시 돌아서면, 결국 집중력이라는 고속도로는 타보지도 못 해.

일단 시작한 일은 집중력을 발휘해서 매듭짓는 습관을 길러야 해. 그렇다고 흥미가 떨어진 일을 끝까지 해보라는 의미는 아냐. 중간에 그만두더라도 어떤 식으로든 매듭을 지어야 다음번에는 더 잘할 수 있거든.

앤드류 매튜스는 "중요한 건 당신이 어떻게 시작했는가가 아니라 어떻게 끝내는가이다"라고 말하지.

아들아, 시작만큼이나 마무리에도 충분히 신경 쓰렴. 입학 혹은 입사할 때의 열정을 졸업 또는 퇴사할 때도 잊지 않았으면 해.

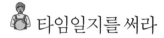 타임일지를 써라

길을 가던 부자가 늙고 병든 거지를 만났다. 부자는 깜짝 놀라서 물었다.

"주인님, 어쩌다가 이렇게 되셨습니까?"

그러자 거지는 한동안 눈을 끔뻑이다가 말을 건 상대가 예전에 자신의 하인이었음을 알아보고는 이렇게 말했다.

"시간 도둑이 모든 걸 훔쳐 갔다네!"

시간은 부자를 거지로, 거지를 부자로 만들기도 해. 시간을 낭비하지 않고 제대로만 사용한다면 누구나 부자가 될 수 있어.

타임일지를 써가며 시간관리를 해라. 아까운 시간을 잡아먹는 시간 도둑을 찾아내서 추방해야만 원하는 인생을 살 수 있단다.

24시간 타임일지를 쓰되, 15분 단위로 관리해봐라. 매일 기록하고, 일주일 단위로 단기 결산, 월 단위로 중간 결산, 년 단위로 장기 결산을 해라. 그러면 무슨 일을 몇 시간이나 하면서 한 해를 살아왔는지 한눈에 파악할 수 있어.

아들아, 다소 귀찮더라도 타임일지를 꾸준히 써라. 시간을 효율적으로 사용하는 것은 물론이고, 어떻게 하루를 멋지게 보내야 하는지 그 방법도 깨닫게 된단다.

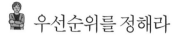 우선순위를 정해라

하루 24시간, 1,440분은 길어 보여도 순식간에 지나간다. 목표를 계획대로 이루려면 시간을 최대한 가치 있게 사용해야 해.

시간을 사용할 때 우선순위를 정해라. 그래야 중요한 일을 끝낼 수 있어. 무작정 일 처리를 하게 되면 비효율적으로 시간을 낭비하게 되고, 결국 끝내지 못한 중요한 일들로 말미암아 일 더미에 파묻히게 돼.

우선순위를 정하기 위해서는 먼저 시간을 어디에다 얼마만큼 사용하며 하루를 살고 있는지를 파악해야 해.

일주일 동안 타임일지를 쓰면 시간을 어디다 얼마만큼 사용하는지 세부적인 것까지 알 수 있어. 그런 다음 '현재 나에게 가장 중요한 것은 무엇인가?'를 자문해봐. 중요도에 따라서 사용 시간을 재배치하는 거야. 시간이 중복되거나 부족하다면 우선순위에 있는 것을 먼저 처리하면 돼.

철학자인 바뤼흐 스피노자는 "시간을 최악으로 사용하는 사람들은 늘 시간이 부족하다고 떠들어댄다"고 했지.

아들아, 오늘 꼭 해야 할 일을 우선 처리하고 나머지 시간을 보내는 습관을 길러라. 계획대로 시간을 사용하면 하루가 즐겁고 점점 인생이 즐거워진다.

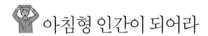# 아침형 인간이 되어라

인류가 발전소를 세우고, 생활 속에 전기를 끌어들여 사용하기 시작한 지는 140년 남짓밖에 되지 않았어. 아주 긴 세월 동안 해가 뜨면 일어나서 활동을 시작했고, 해가 지면 잠자리에 들었지.

우리 신체는 아침형 인간에 적합하게 진화해온 거야. 그래서 저녁형 인간보다는 아침형 인간이 행복도도 높을뿐더러 건강한 삶을 영위할 수 있지.

등하교 시간뿐만 아니라 출퇴근 시간 또한 아침형 인간이 능력을 발휘하도록 맞춰져 있어. 사회 구조가 저녁형 인간으로 살면 피곤할 수밖에 없는 시스템이야.

미국의 시인 존 차디는 "당신이 잠자리에서 일어나든 안 일어나든 하루는 시작된다"고 했어. 하루의 시작을 알리는 해가 떠오르면 지체하지 말고 일어나라. 일찍 시작하면 하루가 길게 느껴져서 많은 일을 차질 없이 해낼 수 있어. 특히 오전에는 집중력이 높아서 고난도의 일도 해낼 수 있지.

아들아, 시간을 효율적으로 사용하고 싶다면 아침형 인간으로 살아라. 밤늦게까지 서성이며 엉뚱한 곳에다 시간을 낭비하지 말고 일찍 잠자리에 들어라.

마감 시간을 정해라

중요한 일은 마감 시간을 정해놓고 시작해라. 인간의 집중력은 한계가 있어서 장시간 똑같은 에너지를 발산할 수는 없어.

마감 시간을 정해놓고 시작하면 뇌는 그 시간 안에 끝내기 위해서 고도의 집중력을 발휘하지. 하지만 할 일에 비해서 마감 시간이 느슨한 경우는 여유 시간이 있으므로 딴짓을 하게 돼. 그러다 촉박해지면 해도 안된다고 판단해서 포기해버려. 따라서 내 능력의 90% 정도를 발휘하면 목표를 달성할 수 있도록 시간을 책정하는 거야.

장기간에 걸쳐서 달성해야 하는 목표도 어렵게 생각할 것 없어. 월 단위, 일주일 단위, 일 단위로 쪼개서 마감 시간을 정하고 하루하루 성실하게 지내다 보면, 예상보다 수월하게 목표를 이룰 수 있어.

피아니스트이자 지휘자인 크리스토프 에센바흐는 "시간을 지배할 줄 아는 사람은 인생을 지배할 줄 안다"라고 했지.

아들아, 인간의 몸에는 생체시계가 있단다. 마감 시간을 정해놓고 시작하면, 생체시계의 기능 중 하나인 타이머도 함께 돌아가서 고도의 집중력을 발휘할 수 있어.

 벼랑 끝에 나를 세워라

인간은 무한한 능력을 갖고 있지. 하지만 그 능력은 평상시에는 제대로 발휘되지 않아. 평소 습관이 우선순위이고, 잠재된 능력은 후순위이다 보니 파묻혀 있는 거야.

꼭 그 일을 해야만 하는 절박한 동기가 생기거나 한계 상황에 이른 경우, 더 이상 물러설 데가 없다고 느끼면 초월적인 에너지가 발산돼. 놀라운 집중력으로 자신의 한계를 뛰어넘어서 퀀텀점프를 하게 되는 거야.

레오나르도 다 빈치는 절박함에 대해서 이렇게 말했어.

"나는 행동의 절박함에 대해서 감명받았다. 생각만으로는 의미가 없다. 적용해야 한다. 실행해야 한다."

절박함이 집중력을 불러온다고, 시험 전날까지 펑펑 놀다가 몰아서 하지는 마라. 벼락치기는 휘발성이 강해서 시험이 끝나면 날아가거든.

아들아, 벼랑 끝에 서는 걸 두려워하지 마라. 마지막 희망의 불씨를 살리기 위해서 최선을 다하다 보면, 한 단계 더 성장할 수 있단다.

핵심을 정리하고 요약하는 습관을 길러라

책은 물론 영화, 연극 등을 본 뒤에도 핵심을 정리하고 요약하는 습관을 길러라. 누군가를 만나 장시간 이야기를 나눴으면 그 대화의 핵심을 수첩에 요약해봐라. 여행을 다녀왔으면 간략하게라도 여행기를 작성해라. 그렇게 함으로써 집중력이 높아지고 기억력이 좋아진다. 또한 그 이면에 숨어 있는 진실을 볼 수 있지. 거기다 누군가가 물어보면 간략하게 대답해주면서 시간을 절약할뿐더러 스마트한 이미지를 남길 수 있지.

가장 큰 장점은 글쓰기 능력 향상이야. 핵심을 정리하고 요약하다 보면 기승전결에 익숙해져서, 글을 쓸 때도 그에 따라 내용을 적절하게 배분해서 써나갈 수 있어.

아들아, 인생은 복잡해 보여도 지극히 단순해. 핵심을 정리하고 요약하며 살다 보면, 인생에서 정말 중요한 것이 무엇인지 깨닫게 될 거야.

멀티태스킹보다는 모노태스킹을 해라

할 일은 많은데 시간에 쫓기다 보면 멀티태스킹을 시도하지. 동시에 여러 일을 하면 시간을 절약할 것 같지만 실제로는 훨씬 더 걸려.

계획을 세우고, 생각하고, 결정하는 역할을 맡은 뇌의 총 지휘부인 전전두피질은 동시에 여러 일을 처리하기보다는 한 가지 일을 신중하게 처리하는 데 능숙하거든. 대부분의 일은 집중력이 필요하기 때문이야.

멀티태스킹 능력은 남자보다는 여자가 좀 더 낫지만, 여자라고 해서 집중력이 있어야 하는 두 가지 일을 동시에 해낼 수 있는 건 아냐. 요리하면서 대화할 수 있는, 그러니까 집중하지 않아도 몸에 배어 있어서 습관처럼 할 수 있는 일들이 가능하다는 것뿐이야.

멀티태스킹을 하면 능력자 같아 보여도, 실제로는 실수투성이에 효율성이 떨어져. 집중력이 분산되어서 어느 쪽 하나도 제대로 해낼 수 없는 거야.

미국의 발명가 알렉산더 그레이엄 벨은 "현재 하는 일에 온 정신을 집중하라. 태양도 한 곳에 초점이 맞아야만 불꽃을 일으킨다"고 했지.

아들아, 바쁠수록 정신을 집중해서 하나씩 일을 처리해 나아가라. 할 일은 많은데 진도가 안 나가서 답답할지라도, 그 길이 가장 빠르고 확실한 방법이란다.

그 일을 하는 목적을 잊지 마라

꿈이 있는 사람들은 무수한 갈림길에서도 결코 길을 잃지 않아. 자신이 가야 할 곳을 정확히 알고 있지. 본능대로 여기저기 기웃거리며 서성이는 사람들은 꿈을 잃었거나 잠시 잊은 거야. 목적이 없다 보니 어디로 가야 할지, 뭘 해야 할지 모르는 거지.

장기간에 걸쳐서 공부나 일을 하다 보면 목적을 잃어버릴 때가 있어. 집중력이 떨어지면서 짙은 회의감이 밀려오지.

'아까운 청춘을 허비하며 내가 여기서 뭘 하고 있는 거지?'

그럴 때는 잠시 하던 일을 중단하고 흐트러진 마음부터 재정비해야 해. 목적을 잃어버리면 효율성이 떨어져서 아까운 시간만 낭비하게 돼.

자기계발의 창시자로 불리지만 취업 면접시험에서 57회나 낙방한 폴 마이어는 "할 수 있는 능력이 있는데도 당신이 원하는 발전을 이루고 있지 못하다면, 그것은 당신의 목적이 분명하지 않기 때문이다"라고 했어.

아들아, 무슨 일을 하든지 간에 그 일을 하는 목적을 잊지 마라. 깨어 있는 자만이 꿈을 향해 한 걸음씩 다가갈 수 있단다.

완벽하게 끝내려 하지 마라

완벽하게 끝내면 개운하고 기분도 좋지. 하지만 무슨 일이든 완벽하게 끝내려면 상당한 시간이 소모되는 법이야.

99%까지 완성했는데, 나머지 1%를 완성하는 데 걸리는 시간이 1/100에 불과하다면 마저 끝내는 것이 맞아. 하지만 대개는 나머지 1%를 완성하는 데 걸리는 시간이 99/100일 수도 있고, 그보다 더 걸리는 경우도 허다해.

완벽주의자가 되면 시간에 쫓기게 되고, 실수에 대한 공포 및 각종 스트레스에 시달리게 돼. 그러다 보면 어느 순간 에너지가 소진되면서 무력감과 함께 우울증이 찾아오지.

부분에 집착하면 전체를 보지 못하거든. 완벽주의에서 벗어나고 싶다면 좀 더 넓은 안목으로 일 처리를 하렴. 완벽을 도모하는 시간에 다른 일을 한다면 목표를 앞당길 수 있음을 알게 될 거야.

톨스토이는 세상의 완벽주의자들에게 "완벽을 추구하는 한 평안은 결코 얻을 수 없을 것이다"라고 경고했어.

아들아, 완벽주의라는 덫에 걸리지 마라. 속도가 생명인 분야에서는 오히려 치명적인 단점이 될 수 있단다.

제어장치를 만들어라

인간은 호기심으로 가득 찬 동물이야. 내적 동기인 호기심은 배움의 시발점이어서, 인류가 발전하는 데 지대한 공헌을 했지. 호기심은 신이 인간에게 준 귀한 선물임은 분명하지만, 문제는 쓸데없는 호기심으로 시간을 낭비한다는 데 있어.

스마트폰, PC, TV 같은 것들 때문에 목적에 맞게끔 시간을 사용하지 못하고 있다면 제어장치를 만들어라. 스마트폰이 방해된다면 거실에 두고 공부하고, 게임 시간을 통제할 수 없다면 주말에만 PC방에서 게임하고, 습관적으로 TV를 시청하며 시간을 낭비한다면 아예 거실에서 치워버려라.

시인이자 역사가인 칼 샌드버그는 "시간은 인생의 동전이다. 그것이 당신이 가진 유일한 동전이고, 어떻게 쓸지는 당신이 결정한다. 다른 사람이 당신의 동전을 쓰게 하지 마라"고 충고했지.

아들아, 시간을 통제해야만 인생을 통제할 수 있어. 제어장치를 만들어서 시간이 엉뚱한 곳으로 흘러가는 것을 막아라.

최상의 루틴을 찾아라

공부가 유독 잘되는 날이 있어. 하고많은 날 중 왜 그날만 집중력이 높아진 걸까? 왜 그날만 모든 게 술술 풀리는 걸까?

누구나 무의식적인 습관을 지니고 있는데, 그중에는 공부에 보탬이 되는 것도 있고 방해가 되는 것도 있어. 최적의 습관을 만들고 싶다면 잘 풀리는 날의 모든 것을 세세하게 기록해봐. 새벽에 눈을 떴을 때부터 잠들기 전까지의 심리 상태, 등하교 시간, 공부하는 순서 등등의 핵심 포인트를 적어놓으면 최적의 루틴을 찾을 수 있어.

매일 경기에 나가는 운동선수들은 최상의 컨디션으로 최상의 결과를 내기 위한 저마다의 루틴이 있지. 일정한 루틴이 있으면 슬럼프에 빠져도 기간을 단축할 수 있어. 심리적인 위축감만 극복하면 이내 제 실력을 찾을 수 있거든.

아리스토텔레스는 "우리가 반복해서 하는 행동이 바로 우리이다. 그러므로 탁월함이란 행동이 아니라 습관이다"라고 했지. 최상의 루틴이란 최상의 습관이기도 해.

아들아, 너만의 루틴을 만들어서 규칙적으로 생활해라. 집중하기까지의 시간을 단축할 수 있고, 하루하루 높은 성취감을 맛볼 수 있단다.

출발이 계획에서 어긋나도 자폭하지 마라

시간을 관리할 때 자폭하는 일이 없도록 유의해라. 늦게 일어나거나 오전에 일이 꼬이면, 계획대로 하루를 보내기는 틀렸다는 생각이 들면서 심리적으로 자폭하게 되지.

어차피 망친 하루, 될 대로 되라는 심정이 들더라도 무작정 포기해서는 안 돼. 풍전등화와 같은 위기의 순간에서도 "신에게는 아직 십이 척의 배가 남아 있사옵니다!"라고 외친 이순신 장군처럼 정신을 바짝 차려서 남아 있는 시간에 집중해라.

사람들이 꿈을 이루지 못하는 이유는 삶이 뜻대로 흘러가지 않을 때 자폭해버리기 때문이야. 그때가 승자와 패자의 갈림길이니, 흐트러지려는 마음을 다잡아라.

세균학의 아버지라 불리는 루이 파스퇴르는 "내가 목표를 달성한 비밀을 말해줄게. 나의 강점은 바로 끈기야"라고 했지.

제1안이 틀어졌다고 포기하지 말고, 곧바로 제2안을 세워서 목표를 향해 달려가라. 그 누구도 처음부터 끝까지 원래 계획대로 할 수는 없어. 원래 계획에 가까워지려는 노력과 끈기가 목표를 이뤄주는 거야.

　아들아, 거부할 수 없는 운명이 너의 시간을 멋대로 사용하는 거야 어쩔 수 없지만 너 스스로 시간을 버리지는 마라. 없어도 될 것 같은 그 작은 시간을 모으고 모아야만 비로소 꿈을 이룰 수 있는 거란다.

스트레스가 쌓이면 근본 원인을 찾아라

노력 대비 결과가 미미할 때, 주변 상황이 따라주지 못할 때, 나이는 먹어가는데 이룬 것은 없다는 생각이 들 때, 시간관리에 허점이 생겼을 때 스트레스가 밀려오면서 불평을 하게 되지.

스트레스를 방치하면 우울증과 함께 또 다른 스트레스가 들러붙어. 그러니 투덜거리지 말고 근본 원인을 찾아서 해결책을 모색해야 해.

"지금 내가 힘들어하는 이유는 뭐야?"

"어디서부터 잘못된 거야?"

"같은 상황을 방지하려면?"

솔직하게 묻고 대답하다 보면 내가 놓인 상황을 좀 더 분명히 이해하면서 해결책을 찾아낼 수 있어.

미국의 컴퓨터공학 교수였던 랜디 포시는 《마지막 강의》에서 이렇게 말하지.

'불평 대신 문제 해결에 집중하라. 수많은 사람이 자신의 문제를 놓고 불평하며 인생을 허비한다. 불평하는 데 쏟는 에너지의 10분의 1만 문제 해결에 쏟아도 얼마나 일이 수월하게 풀리는지 스스로 놀랄 것이다.'

아들아, 스트레스받는다고 불평하거나 징징거리며 우는소리만 하지 말고 근본 원인을 찾아라. 스트레스는 염증과 같아서 방치하면 결국 인생을 곪게 만든다.

직접 해야 할 일과
그렇지 않은 일을 분리해라

정신없이 바쁠 때는 혼자 다 하려고 하지 마라. 반드시 네가 해야만 하는 일과 다른 사람이 대신해도 되는 일로 분리한 뒤, 직접 하지 않아도 되는 일은 주변 사람들에게 대신해달라고 부탁해라.

시간이 얼마 걸리지 않는 간단한 일은 직접 하는 편이 정신건강에도 좋아. 하지만 단순한 일임에도 많은 시간이 소모되는 일이라면 위임해라.

혼자서 모든 것을 처리하는 사람은 성장에 한계가 있어. 관리자가 되었을 때 내 일을 타인에게 부탁하거나 위임할 줄도 알아야만 조직의 효율성을 높일 수 있지.

마땅히 대신할 사람이 없다면 최대한 뒤로 미뤄놓았다가, 한꺼번에 몰아서 처리하는 것도 하나의 방법이야.

정치가이자 과학자로서 수많은 업적을 남긴 벤저민 프랭클린은 "여가를 가지려면 시간을 잘 사용하라"고 충고했지.

아들아, 하루에 사용할 시간은 한정되어 있으니 바쁠 때는 다른 사람의 시간을 빌려라. 시간을 자유자재로 사용할수록 목표를 이룰 가능성도 커진단다.

적절한 휴식을 취해라

공부는 엉덩이로 하는 거라지만 몇 시간씩 꼼짝하지 않고 앉아 있다 해서 공부가 잘되는 건 아냐. 집중력을 높이기 위해서는 50분 공부했다면 10분쯤은 의도적으로 쉬는 것이 좋아. 50분 공부가 지루하게 느껴진다면, 타이머를 활용해서 25분 동안 공부하고 5분을 쉬는 것도 좋은 방법이야.

단, 휴식을 취할 때는 스마트폰이나 PC 등을 해서는 안 돼. 흐트러진 집중력을 되살리기 위해 취하는 휴식이므로, 뇌를 철저히 쉬게 해줘야 해. 산책하며 뇌에 산소를 공급한다거나 물을 마신다거나 생리적인 욕구를 해소해주는 데 사용하면 돼.

쉬는 동안 뇌는 학습한 내용을 기억창고에 저장하고, 집중력을 발휘해서 새로운 정보를 받아들일 환경을 조성하거든.

데일 카네기는 휴식의 중요성에 대해 이렇게 말했지.

"휴식이란 쓸데없는 시간 낭비가 아니라는 것을 알아야 한다. 휴식은 곧 회복인 것이다. 짧은 시간의 휴식일지라도 회복시키는 힘은 상상 이상으로 큰 것이니, 단 오 분 동안이라도 휴식으로 피로를 풀어야 한다."

아들아, 뇌의 효율성을 위해 적절한 휴식을 취해라. 놀랍게도 공부 시간은 짧아지고 성적은 올라간다.

규칙적인 수면 습관을 길러라

　뇌의 효율성을 높이기 위해서는 규칙적인 수면은 필수야. 한때는 잠을 적게 자는 것이 학습 효과가 높다는 이론도 있었지만, 지금은 평균 7~8시간은 자야 학습 능률이 높아진다는 이론이 힘을 얻고 있어.

잠자는 동안 뇌는 쉬는 것이 아니라 정리 정돈을 해. 배웠던 것을 복습하고, 완전히 습득한 내용은 장기기억장치에 보관하고, 습득이 불완전한 내용은 그 상태 그대로 단기기억장치에 보관하고, 중요하지 않은 내용이나 사건 등은 지워버리지. 또한 체내에 침투한 유해 물질은 제거하거나 배출하고, 손상된 세포는 복구하고, 장기의 피로를 풀어줘. 잠을 푹 자고 깨어나면 몸이 개운한 이유도 그 때문이야. 잠만 잘 자도 기억력이 높아짐은 물론이고 활력을 얻을 수 있는 것이지.

《돈키호테》의 저자 미겔 데 세르반테스는 "수면은 피로한 마음의 가장 좋은 약이다"라고 했어. 잠은 근심 걱정마저도 해결해주거든.

아들아, 성장호르몬과 수면 조절 호르몬인 멜라토닌의 원활한 분비를 위해서라도 자정 전에는 잠자리에 들어라. 규칙적인 수면 습관이 건강한 하루, 행복한 인생의 밑거름이란다.

마음이 내키지 않으면 "NO!"라고 말해라

시간을 원하는 곳에 사용하려면 거절할 용기가 있어야 해. 마음이 내키지 않는 부탁은 그 자리에서 거절해라. 타인의 인생을 대신 살아주느라 시간 부족에 허덕이다가 정작 내 꿈을 이루지 못한다면 인생이 허망하지 않겠니?

거절을 잘하려면 세 가지 사항을 기억해라.

첫째, 거절에 대한 너만의 원칙을 가질 것. 그래야 인간관계를 오래 유지할 수 있다.

둘째, 상대방의 말을 공감 경청하며 끝까지 들어줄 것. 경청만 잘해도 거절로 말미암은 섭섭함을 절반쯤은 달랠 수 있다.

셋째, 거절할 수밖에 없는 적절한 이유를 댈 것. 이유도 없이 곧바로 거절해버리면 상대가 싫어서 하는 거절로 받아들일 수 있다. 상대방이 이유를 수긍하면 어쩔 수 없는 상황에 따른 거절이 되어서 상대방도 불쾌해하지 않는다.

워런 버핏은 거절의 중요성을 강조하며 이렇게 말했지.

"다른 사람이 내 삶을 결정하도록 방치하지 마라."

아들아, 착한 사람 증후군에서 벗어나 거절에 익숙해져라. 다소 이기적으로 보일지라도 불편한 삶보다는 자유로운 삶에 행복이 찾아오는 법이란다.

간단한 일은 그 즉시 처리해라

뇌는 미완성 상태의 일들을 항상 기억해둬. 그런 일들이 계속 늘어나면 기억하는 데 많은 에너지를 사용하다 보니 뇌의 효율성이 떨어져.

간단한 일들은 미루지 말고 그 즉시 처리해라. 예를 들어서 잠깐 자리를 비웠다가 돌아왔는데, 전화해달라는 메모지가 놓여 있다면 곧바로 통화해. 메일을 읽었다면 내용을 잊어버리기 전에 곧바로 답장을 보내. 실수했다면 계속 생각하지 말고 곧바로 사과해.

중요한 일을 하는 중에 발생한 중요하지 않은 일들을 처리해보니 집중력이 저하된다면, 한 장의 메모지에 차례대로 기록해둬. 중요한 일을 먼저 하고 나서 점심시간이나 이동시간 등을 이용해서 처리하는 것도 하나의 방법이야.

아들아, 미루는 습관만 없애도 집중력을 높일 수 있단다. 간단히 끝낼 수 있는 것들은 미루지 말고 그 즉시 처리해라.

스마트폰에 주도권을 내주지 마라

스마트폰은 하루에 몇 시간이나 사용하고 있니? 네가 생각하고 있는 시간보다 많이 사용하고 있다면 주도권을 빼앗긴 것이고, 생각하고 있는 시간 안에서 사용 중이라면 주도권을 쥐고 있는 거야.

스마트폰은 소통과 정보를 중시하는 현대인에게 없어서는 안 될 필수품이지만 부작용도 만만치 않아. 학습 중 스마트폰을 짧은 순간이라도 들여다보게 되면 집중력이 흩어져서 다시 학습에 몰입하기까지 적잖은 시간이 필요해.

스마트폰을 옆에 놓고서 틈틈이 들여다본다면 공부가 아니라 책 속을 들락날락하며 시간을 보내고 있는 거야. 공부하고 있다는 마음의 위안을 얻으며 그저 아까운 시간을 낭비하는 거지.

아일랜드의 극작가이자 소설가인 조지 버나드 쇼는 "삶은 자기 자신을 찾는 여정이 아니다. 자기 자신을 만드는 과정이다"라고 했어. 스마트폰에 질질 끌려다니지 말고, 멋진 자신을 만들어 나아가라.

아들아, 스마트폰으로부터 주도권을 찾아와라. 기계를 원하는 대로 사용하는 인간만이 주도적인 삶을 살아갈 수 있단다.

꾸준한 운동이 뇌 기능을 높인다

규칙적인 운동은 신체를 건강하게 할 뿐만 아니라 뇌를 젊게 유지하는 비결이야. 운동의 장점은 무수히 많지만 다섯 가지만 꼽아볼게.

하나, 뇌에 혈류량이 늘어나서 기억력과 집중력이 향상된다.

둘, 산소와 영양의 원활한 공급 덕분에 창의력이 좋아진다.

셋, 뇌의 피로를 완화하고 스트레스를 풀어준다.

넷, 신경전달물질인 세로토닌과 엔도르핀이 분비되어서 불안과 우울은 사라지고 행복한 기분이 든다.

다섯, 새로운 뉴런을 생성하고 근육세포를 만들어서 신체에 활력을 불어넣어줌으로써 자신감을 갖게 한다.

재활치료사 캐럴 웰치는 "운동은 사람의 신체와 감정과 정신의 창조적 변화를 위한 약이다"라고 했어.

아들아, 운동을 평생 친구로 생각하고 자주 만나서 즐겨라. 그 친구가 건강한 신체를 만들어주고, 행복한 감정을 느끼게 하고, 긍정 마인드를 심어줘서 너의 꿈을 이루게 도와줄 거야.

해야 할 일은 지체하지 말고 시작해라

해야 할 일을 나도 모르게 자꾸만 뒤로 미룰 때가 있어. 그럴 때는 원인을 곰곰이 생각해본 뒤 해결책을 찾아라. 미루는 이유는 보통 여섯 가지야.

하나, 충분히 생각하고 나서 시작하면 잘할 것 같아서.

둘, 어디서부터 시작해야 할지 막막해서.

셋, 끝낸다 해도 결과에 실망할 것 같아서.

넷, 아직 시간 여유가 있어서.

다섯, 장시간 매달릴 체력이 부족해서.

여섯, 중요한 일이 아니라서.

미루는 습관을 없애는 방법은 '보상'과 '시작'이야. 끝낼 때 나에게 적절한 보상을 약속하고 시작하는 거야. '천 리 길도 한 걸음부터'라고 하듯 첫걸음이 중요해. 일단 천 리는 접어두고 열 걸음만 가겠다 마음먹고 출발하면 무난하게 시작할 수 있어.

비교신화학자 조지프 캠벨은 "당신이 두려워하는 동굴 속에 당신이 찾는 보물이 있다"고 했지. 과감하게 어둠 속으로 몸을 던져야만 보물을 찾을 수 있는 법이야.

아들아, 미루기는 늪 같아서 시간이 지날수록 점점 깊이 빠져들게 돼. 벌떡 일어나서 시작해보면 몸도 마음도 한결 상쾌해질 거야.

충동적인 감정에 휘둘리지 마라

인간은 감정의 동물이야. 새벽에 눈뜰 때부터 잠들 때까지 감정으로 움직여. 하물며 꿈속에서도 잉여 감정을 처리해.

'졸린데 좀 더 잘까?'

'오늘은 기분도 울적한데 하루만 결석할까?'

'버스에서 처음 만난 여자 꿈을 꾸다니…… 어디에 끌렸던 걸까?'

좋은 습관을 갖는다는 것은 충동적인 감정을 제대로 관리하고 있다는 말과도 통해. 눈뜨자마자 지체하지 않고 일어나는 습관을 지니고 있으면, 좀 더 자고 싶은 감정을 극복하는 데 도움 되거든.

언론인이자 작가인 마티아스 뇔케는 "감정을 절제하는 것은 기쁜 마음에 재를 뿌리는 것이 아니다. 어떤 상황에서도 자신을 통제하고 사려 깊게 행동하는 것이다"라고 했어.

감정은 수시로 변해. 즐거웠던 기억을 떠올리면 기분이 좋아져서 세상이 아름답게 보이다가도, 불쾌했던 기억을 떠올리면 죽고 싶은 기분마저 들지. 충동적인 감정에 휘둘리면 하루가 엉망이 되고 인생 또한 엉망진창이 돼.

특히 분노, 슬픔, 불안, 외로움 같은 무거운 감정 등은 경계할 필요가 있어. 한번 빠져들면 쉽게 헤어날 수 없거든.

감정을 절제하기 위해서는 긍정 마인드가 필요해. 되도록 좋은 쪽으로 해석하고 심각해질 사건도 가볍게 넘기다 보면 평상시 기분을 유지할 수 있어.

아들아, 충동적인 감정에 휘둘려 소중한 시간을 낭비하지 마라. 그런 감정들은 가벼워 보여도 속성이 블랙홀과도 같아서 자칫 잘못하면 청춘을 통째로 잃어버릴 수 있단다.

불필요한 시간을 제거해라

정확한 목표를 갖고 도전 중이라면 불필요한 시간을 제거해야 해.

시간관리에 능숙해지면 삶이 단순해져. 껍질을 제거하고 나면 알맹이만 남듯이 불필요한 시간을 제거하면 꼭 필요한 시간만 남게 돼. 비로소 3년을 공부해도 못 붙는 시험을 1년 만에 합격할 환경이 조성되는 거야.

목표를 이루기 위해서는 여러 가지가 필요해. 목표에 대한 확실한 동기가 있어야 하고, 긍정 마인드로 평상심을 관리해야 하고, 잠자는 시간과 기상 시간이 일정해야 하고, 꾸준한 운동으로 건강을 관리해야 하고, 불필요한 시간을 제거해서 공부 시간을 최대한 확보해야 해.

하버드대학교 경영대학원의 교수 마이클 포터는 "전략의 본질은 무엇을 하지 않을지를 선택하는 것이다"라고 했지.

아들아, 파인애플 껍데기를 벗겨야 속을 먹을 수 있듯 불필요한 시간을 제거해야 꿈을 이룰 수 있어. 지금 당장 필요 없는 것들은 과감하게 버리고 가는 것도 삶의 지혜야.

삶의 리듬감을 놓치지 마라

삶에도 리듬감이 있어.

계획대로 일이 진행되지 않을 때는 리듬감을 느낄 수 없지. 물속 깊이 침잠해 있는 것처럼 어둠침침하고, 앞으로 나아가려고 해도 자꾸만 스텝이 엉키는 느낌이 들거든.

모든 일이 술술 풀릴 때, 비로소 리듬감을 느껴. 아침에 눈을 뜨면 머릿속에서 아름다운 새소리가 들리고, 식사하면 경쾌한 음악이 들려오는 것 같고, 걸어갈 때는 왈츠를 추는 것처럼 발걸음이 가볍고, 공부할 때는 요정이 나와서 리듬에 맞춰 책장을 넘겨주지.

하루를 마감하고 잠자리에 누우면 성취감과 함께 내일에 대한 기대감으로 가슴이 설레지. 하루가 마치 한 곡의 노래처럼 리듬을 타며 흘러가지.

비로소 제멋대로 날뛰는 시간을 내 의지대로 관리할 수 있게 된 거야. 다른 말로 표현한다면 투쟁은 끝나고 즐거운 인생이 열린 거지.

아들아, 어느 날 리듬감이 느껴지거든 그 리듬을 절대로 놓치지 마라. 흥겨운 리듬을 따라가다 보면 멋진 삶이 펼쳐진단다.

3

미래를 준비하는
아들에게

우리는 재능이 스스로
기회를 만든다고 말하지만
때로는 강렬한 욕망이
기회를 만들 뿐만 아니라
재능을 만든다.

_ 에릭 호퍼

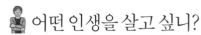 어떤 인생을 살고 싶니?

인생에서 가장 중요한 것은 어떻게 살아가느냐는 거야. 한 번뿐인 인생, 너는 어떤 인생을 살고 싶니?

미국의 가수이자 인권운동가인 조앤 바에즈는 이렇게 말했어.

"당신은 어떻게 죽을 것인가는 선택할 수 없다. 당신이 선택할 수 있는 것은 어떻게 살 것인가 하는 것이다."

죽음은 신의 영역이야. 인간이 선택할 수 있는 것은 신이 부여한 생명으로 어떤 삶을 살아가느냐는 거야.

무수히 많은 사람이 인생이라는 망망대해에서 어디로 가야 할지 몰라 헤매다가 아쉬움과 한탄 속에서 생을 마감하지.

아들아, 멋진 인생을 살고 싶다면 너의 꿈을 찾아라! 인생이란 꿈을 찾아가는 여정이고, 포기하지 않는다면 그 꿈을 이루게 될 거야.

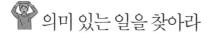 의미 있는 일을 찾아라

우리는 왜 살아가는 걸까?

삶에 지친 사람 대다수가 "태어났으니까 산다"고 말해. 하루하루가 힘들다 보니 삶의 가치, 생명의 소중함에 대한 자각이 무뎌진 거지.

그렇다면 내가 인간으로 태어날 확률은 얼마나 될까? 남들이 계산해놓은 자료를 찾아보았더니 수치가 다 다르더라. 70조분의 1이라는 사람도 있고, 100조분의 1이라는 사람도 있고, 140조분의 1이라는 사람도 있어. 그래도 한 가지 분명한 것은 아주 드문 확률로, 귀한 인연으로 태어났다는 거야.

우리는 인간으로 태어난 이상 일을 하며 살아야 해. 그 일이 지구나 국가에 의미 있는 일이어도 좋고, 가족이나 나에게 의미 있는 일이어도 좋아.

작가이자 경영학자인 피터 드러커는 "그 사람이 하고 있는 일은 그의 인격의 연장이다. 일은 곧 성취이며, 그 사람의 가치와 인간성을 판단하는 방법 중 하나이다"라고 했지.

아들아, 인생을 바칠 만한 의미 있는 일을 찾아보아라. 의미 있는 일을 하며 사는 것이 곧 의미 있는 인생을 사는 거란다.

꿈이 없으면 눈앞의 길로 가라

소년일 때는 위인전을 읽거나 부모님 혹은 선생님의 격려 한 마디에도 위대한 꿈을 꾸곤 하지. 대통령이 되어서 국정연설을 하고, 우주 비행사가 되어서 우주를 누비고, 세계적인 축구선수가 되어서 함성으로 가득 찬 그라운드를 누비는 꿈을 꿔.

나이를 먹으면 현실적인 꿈을 꾸기도 하지만 아예 꿈이 사라져 버리는 경우도 많아. 딱히 되고 싶은 것도 없고, 뭘 해야 할지도 모르겠고, 내가 뭘 잘하는지조차 모르겠는데 대체 무슨 꿈을 꾸겠니?

그럴 때는 눈앞에 보이는 길로 가면 돼. 지금 하는 일을 즐기면서 새로운 경험을 해보는 거야. 친구들에게 뒤처지지 않도록 계속 앞으로 나아가야겠다는 의지, 최선을 다하겠다는 성실성만 있으면 어떤 분야에서든 성공할 수 있어.

　박지성은 야구가 하고 싶었지만 나이가 어리다는 이유로 받아 주지 않아서 축구를 했다가 세계적인 축구선수가 되었고, 올림픽에서만 통산 28개의 메달을 딴 마이클 펠프스는 ADHD(과다행동장애)를 치료하기 위해서 수영을 시작했다가 세계적인 수영선수가 되었지.

　세상을 살아가는 데는 우연의 힘도 무시할 수 없어. 의지와 성실성만 갖추고 있으면 그 어떤 놀라운 일들이 앞에 펼쳐질지 아무도 몰라.

　작가이자 모럴리스트인 프랑수아 드 라 로슈푸코는 "많은 사람은 저마다 초목과 마찬가지로 우연히 발견되는 감추어진 특질을 가지고 있다"고 했지.

　아들아, 꿈이 없다 방황하지 말고 묵묵하게 눈앞에 보이는 길로 가라. 성장 의지를 갖고서 성실하게 살아가다 보면, 머잖아 행운의 여신이 찾아올 거야.

아침에 일어나면 침구부터 정리해라

하루 스물네 시간이 똑같은 시간 같지만 저마다 달라. 아침에 눈을 뜨고 나서 한 시간 동안 무슨 일을 했느냐가 대단히 중요해. 그날의 향방을 결정하거든.

잠에서 깨어나면 일단 침구부터 가지런히 정리해라. 정리를 한다는 것은 일단 그 행위가 일단락되었음을 의미하지. 침구를 정리하면 잠에 대한 미련이 사라져.

인간은 무의식적으로 작은 일에도 의미를 부여하는 경향이 있어. 특히 시작과 관련된 것에는 특별한 의미를 부여해.

시간이 반이라는 말이 있듯, 출발이 좋으면 왠지 모든 일이 술술 풀릴 것 같아서 의욕을 갖고 하루를 임하게 되지. 반대로 시작이 안 좋으면 결과가 시원치 않을 것만 같아서, 하루를 임하는 마음의 자세도 흐트러지거든.

아들아, 눈뜨면 침구부터 정리하는 습관을 기르렴. 그 작은 습관이 산뜻하면서도 행복한 하루의 문을 열어준다.

일기 쓰는 습관을 길러라

　뭐든지 한 번에 척척 해낼 수 있다면 좋겠지. 하지만 인간은 실패와 반복을 통해 성공으로 가는 길을 찾아내는 능력을 지닌 존재야. 일기를 쓰면 실패 원인을 찾아낼 수 있고, 성공으로 가는 길을 발견할 수 있어.

　꾸준히 일기를 쓰면 체계적인 계획을 세울 수 있고, 분석력과 함께 생각하는 힘이 붙고, 비슷한 일상의 문장을 반복해서 쓰는 과정을 통해 문장력이 향상돼.

　일기 내용은 필요에 따라 바꿔도 무방해. 집중적으로 공부할 때는 학습 일기를 쓰고, 독서하고 나면 독서 일기를 쓰고, 여행을 다닐 때는 여행 일기를 쓰고, 삶에 지치고 힘들 때는 감사 일기를 쓰렴.

　배우이자 극작가인 메이 웨스트는 "일기를 꾸준히 써라. 언젠가는 일기가 너를 간직할 것이다"라고 했지.

　아들아, 일기는 내 삶을 비춰주는 등대 같은 거란다. 매일 쓰면 망망대해에서도 결코 길을 잃지 않으니, 간략하게라도 쓰는 습관을 길러라.

올바른 인성은 자산이다

올바른 인성이란 내면을 건전하게 가꿔 공동체생활 속에서 타인은 물론이고 자연과 더불어 살아가는 성품을 의미해. 교육을 통해 참된 인성이 형성되기도 하지만 나 혼자서도 충분히 형성해 나아갈 수 있어.

내면을 가꾸기 위해서는 감정을 통제할 능력을 길러야 해. 예를 들어 집에서 키우는 반려동물을 발로 찼다면, 내가 왜 그런 행동을 했을까를 곰곰이 생각해보는 거야. 화가 나서 발로 찼다면, 그화를 반려동물을 통해 푸는 것이 정당한지에 대해서 다시 생각해보는 거지. 이런 식으로 생각을 거듭하다 보면, 공동체 속에서 해야 할 행동과 하지 말아야 할 행동에 대해서 스스로 깨닫게 돼.

주변 사람들의 말과 행동을 관찰하고 사색하는 것을 통해서도 인성을 키울 수 있어. 독서 또한 올바른 인성 형성에 도움이 돼. 책속에는 세상을 살아가는 데 필요한 지식과 교훈이 담겨 있거든.

시인이자 사상가인 랄프 왈도 에머슨은 "인격은 지성보다 높다"라고 했어. 인격 없는 지성은 얼음으로 지은 집 같아서, 누구도 오래 머무르려고 하지 않지.

아들아, 올바른 인성은 주인공으로서 세상을 살아가는 데 아주 중요한 자산이란다. 리더의 필수 항목이기도 하니, 올바른 인성을 키워서 멋진 삶을 살아가라.

자기 주도 학습에 익숙해져라

 공부란 재미있는 것이야. 각종 호기심을 푸니 흥미롭고, 깨우침을 통한 성취감까지 얻을 수 있으니 즐거울 수밖에.

그럼에도 공부가 재미없게 느껴지는 까닭은 목적이 배움 그 자체에 있는 것이 아니라 결과에 있기 때문이지. 공부는 타고난 능력도 중요한데, '다름'을 인정하지 않고 치열한 경쟁으로 점수를 매기며 순위를 정하잖아. 그러니 노력 대비 성적이 안 나오는 학생은 좌절하여 점점 공부와 멀어질 수밖에!

성적과 관계없이 자기 주도 학습에 익숙해질 필요가 있어. 학년이 올라가고, 학문의 수준이 높아질수록 자기 주도 학습이 필요하거든. 자기 주도 학습을 해온 학생들은 대학에 진학해도 좋은 성적을 유지하는 반면, 사교육에 의지해온 학생들은 하위권 성적을 면하지 못하더라. 실정이 이렇다 보니 대학에 와서까지 사교육을 받는 학생도 상당수야.

부모님이나 선생님은 길을 제시할 뿐, 인생은 어차피 혼자 힘으로 헤쳐나가야 해. 일찍부터 자기 주도 학습으로 문제 해결 능력을 키워라.

전문가들이 머리를 맞대고 마련한 제4차 산업혁명위원회에서 제시한 시대정신은 변동성(Volatility), 불확실성(Uncertainty), 복잡성(Complexity), 모호성(Ambiguity)이야.

보다시피 명확한 것은 하나도 없어. 인공지능과 과학 기술의 발달로, 암기식 지식을 써먹는 시대는 지났음을 단적으로 보여주고 있지.

미래는 자기 주도 학습을 한 사람만이 살아남을 거야. 그러니 창의력을 발휘해서 문제를 해결할 줄 알고, 융합과 복합을 통해서 혁신할 줄 알아야 해.

톨스토이는 "모든 사람이 세상을 변화시키는 것을 생각한다. 하지만 누구도 그 자신을 변화시키는 것은 생각하지 않는다"고 지적했어. 세상을 변화시키려면 먼저 그럴 자질을 갖춰야 해.

아들아, 자기 주도 학습으로 학문의 즐거움을 누리고 문제 해결 능력을 키워라. 결국 인생에서 어려움이 닥쳤을 때 그 문제를 해결할 사람은 너 자신뿐이란다.

매일 시간을 내서 외국어를 공부해라

기술 발달로 점점 더 우수한 번역기나 통역기가 출시되고 있어. 그렇다고 해서 외국어 공부를 게을리하지 마라. 그것들이 너의 인생을 대신 살아주지는 못한단다.

인터넷과 교통수단의 발달로 세계의 장벽은 허물어졌어. 언어의 중요성이 더 커진 거야. 넓은 세상으로 나아가려면 외국어는 필수야.

인간관계나 협상을 할 때 언어 소통은 기본 중의 기본이지. 번역기나 통역기가 의사소통을 대신할 수 있겠지만 표정이나 목소리에 담긴 생각이나 미묘한 인간의 심리까지는 대신할 수 없어.

외국어를 할 수 있으면 여러모로 편리해. 여행할 때는 통역기를 잃어버리거나 배터리 걱정을 하지 않아도 되고, 현지인과 눈을 맞추며 형식적인 대화를 넘어선 인간다운 대화를 나눌 수도 있지.

넬슨 만델라는 "당신이 상대방이 이해하는 언어로 이야기하면 그 사람의 머리와 대화하는 것이고, 당신이 그의 모국어로 이야기하면 그 사람의 마음하고 대화하는 것이다"라고 했지.

아들아, 매일 10분이라도 시간을 내서 외국어를 공부해라. 한꺼번에 몰아서 하는 것보다는 짧은 시간일지라도 꾸준히 하는 것이 훨씬 효과적이야.

독서를 했으면 반드시 사색해라

책을 읽고 사색하지 않으면, 살아가면서 깊이 있는 생각을 할 기회가 거의 없어. 설령 다독한다고 해도 사색하지 않으면 얻는 것은 그리 많지 않아.

성리학자 율곡 이이는 "책을 읽으면 반드시 그 이치를 궁리하고 탐구해야 한다"고 했고, 미래학자 앨빈 토플러는 "내 통찰력의 근원은 끊임없는 독서와 사색이다"라고 했지.

책을 읽었으면 인상 깊은 구절이나 핵심을 정리해서 기록한 뒤 사색해라. 독서는 겉핥기에 불과하고, 저자가 말하고자 하는 진정한 의도는 사색을 통해서 스스로 깨우쳐야 해. 그래야만 비로소 지혜의 눈을 뜰 수 있지.

아들아, 젊었을 때 열심히 책을 읽고 깊이 있는 성찰을 해라. 사는 동안 지혜의 눈을 뜨지 못하면 인생은 고해일 수밖에 없단다.

꾸준히 경제를 공부해라

경제 공부는 이제 선택이 아닌 필수가 됐어. 세계 경제가 하나로 연동되면서 고도화, 전문화하고 있거든. 각종 지표를 비롯한 수많은 정보가 소문과 함께 무차별적으로 쏟아지지만, 경제 지식이 없다면 그에 맞는 전략을 세울 수 없을뿐더러 적절하게 대처할 수도 없지.

경제를 공부하려면 먼저 자본주의가 무엇이고, 세계 시장을 실질적으로 움직이는 것들은 무엇인가 등등을 알아야 해. 이런 지식은 독서를 통해 축적하는 수밖에 없어. 단순하게 눈으로 읽으면 기억에 남는 것이 적으니, 반드시 핵심을 정리하면서 요약해라.

지식이 어느 정도 쌓였으면 경제 기사나 경제 관련 사설을 찾아서 읽고, 경제 다이어리를 작성해봐. 거시경제와 미시경제의 흐름, 금리와 유가의 흐름, 주식 및 부동산의 변동성, 경제에 영향을 미칠 국제 뉴스 등을 간략하게 적는 거야.

좀 더 전문적인 지식을 쌓고 싶다면 미래 산업 전망, 트렌드, 재테크 관련 책들을 찾아서 읽어. 그렇게 하다 보면 어느 순간, 경제의 전반적인 흐름을 읽을 수 있단다.

그렇다고 경제 공부를 어렵게 생각할 필요는 없어. 빅토리아 시대의 경제학자 앨프리드 마셜은 "경제학은 인간생활을 연구하는 학문이다"라고 했지.

아들아, 경제를 알아야만 경제적으로 자유인이 될 수 있어. 지식과 정보가 돈이 되는 세상이니 꾸준히 경제를 공부해라.

 세상은 저지르는 자의 것이다

세상은 행동하는 자들의 것이야. 좋은 직업을 갖고 싶고, 부자가 되고 싶고, 아름답고 현명한 여인과 결혼하고 싶으면 도전해라.

소크라테스는 "세상을 움직이려면 먼저 나 자신을 움직여야 한다"고 말했지. 내가 행동하지 않으면 아무것도 바뀌지 않아.

승산이 있다는 판단이 들면 일단 저지르고 보는 것도 괜찮은 전략이야. 멀리서 보면 모든 것이 불확실해 보여. 가까이 다가가야만 그 실체를 알 수 있지.

물론 세상이 만만치 않으니 처음부터 뜻대로는 잘 안될 거야. 그래도 계속 도전하다 보면 실패한 원인이나 부족한 점을 깨닫고, 그걸 보완해가다 보면 마침내 원하는 것을 얻을 수 있어.

아들아, 도전을 두려워하지 마라. 도전해보지 않고서는 네가 무엇을 해낼 수 있는지 그 누구도 알 수 없단다.

남들이 가지 않는 길로 가라

선택의 폭은 넓은 반면, 불확실한 세상이다. 안전한 길도 좋지만, 남들이 가지 않는 길도 눈여겨봐라.

세상이 불확실할수록 안전한 길로 가려는 사람이 늘어나지. 비슷한 꿈을 꾸는 사람들 사이에 섞여 있으면 마음은 편해. 하지만 그 길은 쉬지 않고 걸어가도 경쟁이 치열해서 아무것도 손에 쥐지 못할 수 있어.

남들이 가지 않는 길을 가면 마음은 불안해. 예상치 못한 무언가가 불쑥 튀어나올 것 같고, '이 길 어딘가에 정말로 내가 원하는 것이 있을까?' 하는 의심이 머릿속을 떠나질 않아. 하지만 걷다 보면 아름다운 야생화를 볼 수 있고, 풍성한 과일이 주렁주렁 매달린 과일나무도 발견할 수 있지.

불교 초기 경전 《수타니파타》에 이런 글귀가 있어.

'소리에 놀라지 않는 사자처럼, 그물에 걸리지 않는 바람처럼, 흙탕물에 더럽혀지지 않는 연꽃처럼, 무소의 뿔처럼 혼자서 가라.'

아들아, 평범한 삶을 사는 것도 나쁘지는 않지만 굳이 평범해지려고 애쓰지는 마라. 희귀한 것들은 남들이 가지 않는 길에서만 발견할 수 있단다.

일상 속에서 행복을 발견해라

행복은 어디에 있는 걸까?

사람들은 저마다 행복을 찾아다니지. 어떤 이는 쉽게 행복을 발견하는가 하면, 어떤 이는 행복을 찾아서 기나긴 여행을 하지만 끝내 발견하지 못하기도 해.

행복은 마음속에 숨어 있어서 의도적인 노력이 필요해. 공기나 물도 우리가 살아가는 데 꼭 필요하고 소중한 것이지만 의식하지 않으면 그 소중함을 모르잖니? 행복도 마찬가지야.

뉴질랜드의 소설가 휴 월폴은 "행복은 사소한 일에서 곧바로 즐거움을 알아채는 것이다"라고 했지.

밥 한 그릇에 담긴 행복, 따뜻한 햇볕이 주는 행복, 가족과 함께하는 일상의 행복, 건강이 주는 행복, 공부하는 행복, 친구와 함께하는 행복, 자연 속을 산책할 때의 행복…….

아들아, 바쁘다 보면 일상의 행복을 망각하기 쉬운데 틈틈이 행복을 발견하고 그 즐거움을 느껴라. 오늘 행복하지 못하면 내일도 행복할 수 없단다.

인생은 아버지에게 배워라

아버지는 너보다 앞서 인생을 살아간 선배야. 비록 세대 차이가 나지만 여러모로 배울 점이 많은 존재지.

프랭크 A. 클라크는 "아버지는 그의 아들이 자신이 되려고 했던 좋은 이가 되기를 기대하는 사람이다"라고 했어.

어렵더라도 먼저 다가가서 대화를 해봐라. 고슴도치도 자기 자식은 예쁘다고 하잖니? 인생이라는 거시적인 안목에서 적절한 조언을 해줄 거야.

아무리 존경스러운 아버지라 하더라도 성인 같은 아버지는 없어. 대개는 장단점을 갖고 있게 마련이야. 아버지에게 본받을 점이 있다면 배우고, 전혀 본받고 싶지 않은 점이 있다면 아버지와 다른 인생을 살아가면 돼.

배우려고 마음만 먹으면 그 어떤 아버지에게서도 인생을 배울 수 있어. 덤으로 어른들의 취향이나 심리도 자연스럽게 알게 되어서 한결 편하게 사회생활을 할 수 있지.

아들아, 아버지와 친하게 지내며 다양한 주제로 대화를 나눠보렴. 아버지는 자식 키우는 기쁨을 얻고, 너는 삶의 지혜를 얻을 수 있단다.

사랑은 어머니에게 배워라

어머니가 자식에 대한 사랑을 표현할 때 "눈에 넣어도 안 아픈 내 자식"이라고 하지. 하지만 어머니라고 해서 자식이 마냥 귀엽고 사랑스럽기만 했을까?

예전의 아버지들은 원하든 원치 않았든 간에 워커홀릭이 되어야 했지. 이틀이 멀다 하고 야근과 특근을 했고, 업무가 일찍 끝난 날은 회사 밖에서 거래처 사람을 만나서 접대를 했어. 귀가가 늦다 보니 육아와 살림은 자연스럽게 어머니의 몫이 되었고.

밤낮이 바뀌어서 잠도 제대로 못 자게 하고, 툭하면 울음을 터뜨리고, 똥오줌도 못 가리는 어린 아기와 사투를 벌이다 보면 어머니인들 왜 후회가 없고, 도망가고 싶은 마음인들 왜 들지 않았겠니?

그럼에도 너를 키운 것은 사랑하기 때문이야. 힘겹고 어려운 날들을 참고 이겨내다 보니 비로소 눈에 넣어도 안 아픈 자식이 된 거지.

톨스토이는 "사랑이란 자기희생이다. 이것은 우연에 의존하지 않는 유일한 행복이다"라고 했어. 사랑은 자기희생이지만 자신에 대한 선물이기도 해.

그래도 어머니의 희생을 당연시하지는 마라. 나 자신의 소중함을 모를 정도로 어리석은 분은 아니란다.

아들아, 어머니에게 사랑하는 법을 배워라. 어머니가 베풀어준 사랑의 10분의 1만 따라 해도, 세상 모든 여자로부터 사랑받을 수 있단다.

매 순간을 즐겨라

인생이란 하나의 무대야. 무대에 오른 이상 매 순간을 즐겨라.

공부하고 일해야 하는데, 어떻게 즐기느냐고? 다른 사람의 눈치 따위는 살피지 말고, 나만의 방식으로 즐겁게 공부하고, 나만의 방식으로 즐기며 일을 해.

인생은 과거와 현재와 미래로 분류하지만, 우리가 살아가는 것은 이 순간뿐이야. 과거는 '흘러간 그 순간'이고, 미래는 '다가올 저 순간'이지. 결국 '현재 이 순간'을 즐기지 못한다면 과거도, 현재도, 미래도 즐길 수 없어.

댐에 차 있는 물을 방출하려면 수문을 열어야 하듯, 이 순간을 즐기려면 닫혀 있는 마음을 열어야 해. 삶이 힘들게 느껴지는 건 이 순간에서 벗어나려고 애쓰기 때문이야. 그냥 편안하게 이 순간을 받아들여. 전혀 즐거움을 느낄 수 없다면 심호흡을 한 뒤에 눈을 감아. 입가에 미소를 지으며 인생이라는 무대에서 주인공으로 연기하는 중이라 생각해봐. 그런 다음 목표를 이루었을 때를 상상하면 마음속에 즐거움이 차오를 거야.

영국의 저널리스트 W. G. 베넘은 "현재의 시간을 잃어버리면 모든 시간을 잃어버린다"고 했지.

아들아, 매 순간을 즐기며 살아가라. 힘든 상황마저도 즐길 수 있다면 인생이 참 멋진 무대라는 사실을 깨닫게 될 거야.

진짜와 가짜를 분간하는 안목을 길러라

정보 과잉 시대에는 가짜 정보와 가짜 뉴스가 난무해. 처음부터 목적이 있거나, 인간의 호기심을 자극하려다 보면 버젓이 가짜를 진짜인 것처럼 퍼뜨리지.

인공지능마저 가짜 뉴스를 생산해내는 시대야. 그럴싸한 정보일수록 시시비비를 가려서 사실을 걸러낼 안목을 길러야 해. 곧이곧대로 믿게 되면 헛소문에 분개하고, 가짜 정보에 속아서 큰 손실을 볼 수 있어.

미국의 소설가 마크 트웨인은 "곤경에 빠지는 건 뭔가를 몰라서가 아니다. 뭔가를 확실히 안다는 착각 때문이다"라고 말했지.

진짜와 가짜를 구분하려면 창구를 다양화해서 다각도로 정보를 모아야 해. 그런 다음 일치하지 않는 정보는 팩트 체크를 해보는 거야. 또한 소셜 미디어에 떠도는 정보는 확실하게 검증되기 전까지는 '소문'이라는 인식을 가져야 해.

아들아, 비판적 사고력으로 무장하고 항상 숨겨진 본질을 보려는 노력을 기울여라. 진짜를 가짜로, 가짜를 진짜로 받아들이는 사람은 고난을 겪을 수밖에 없단다.

진실과 거짓의 갈림길에서는
진실을 선택해라

살아가다 보면 중요한 순간, 진실과 거짓의 갈림길에 서게 돼. 어떤 사람이 진실을 선택하고, 어떤 사람이 거짓을 선택할 것 같니?

그 순간에는 살아온 날들이 선택할 거야. 평소에 진실을 선택해온 사람은 진실을, 평소에 거짓을 선택해온 사람은 거짓을 선택하지.

J. 밀러는 "진실을 말할 용기가 없는 자들이 거짓말을 한다"고 했어.

경험해봐서 알겠지만 거짓보다는 진실을 선택하기가 훨씬 힘들어. 나의 잘못을 인정할 줄 알아야 하고, 손해를 감수해야 하고, 때로는 부모님이나 선생님을 실망시킬 수도 있어.

그럼에도 진실을 선택해 버릇해야 하는 까닭은 비록 고난이 따를지라도 더 큰 곤경으로부터 나 자신을 구하는 길이기 때문이야.

아들아, 선의의 거짓말이 아니라면 항상 진실을 선택하렴. 인생을 진실하게 산다는 것이야말로 진정한 성공이란다.

악기는 하나쯤 배워놓아라

우리 사회도 오랫동안 지속된 평가 위주의 교육에서 성장 위주의 교육으로 조금씩 바뀌고 있어. 입시 위주의 교육이 아닌, 인간다운 삶을 영위하는 데 필요한 지·덕·체의 균형적인 발달을 지향하는 전인교육을 도입하고 있지.

학교에서 배운다면 다행이고, 학교에서 가르치지 않더라도 취미로 악기 하나쯤은 배워놓아라. 악기를 익히다 보면 기억력과 집중력이 향상되고, 감정이 풍부해지고, 인생이 전반적으로 풍요롭게 느껴진단다. 또한 절제력과 인내력을 키울 수 있어.

보스턴 셀틱스의 전설적인 감독 레드 아워벡은 "음악은 일상의 먼지를 영혼으로부터 씻어낸다"고 했지.

아들아, 공부하느라 바쁘더라도 틈틈이 악기 연주하는 법을 익혀라. 음악은 삶에 활력을 주고, 살아가는 즐거움을 느끼게 한다.

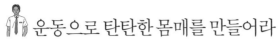 # 운동으로 탄탄한 몸매를 만들어라

남자의 자신감은 탄탄한 몸매에서 나와. 근력 운동을 하면 남성 호르몬인 테스토스테론의 분비가 왕성해져서 체지방이 줄고, 근육의 양이 강화되면서 신진대사가 활발해지지.

꾸준하게 운동해서 테스토스테론의 수치도 높이고, 탄탄한 몸매를 만들어놓으면 건강한 삶을 영위할 수 있어. 기억력과 집중력 또한 높아져서 학습에도 상당한 도움이 돼.

운동을 마치고 샤워하고 나서, 거울 앞에서 두 팔을 허리에 올리고 근육질 몸매를 감상하는 거야. 자신감이 샘솟아서 목표를 이루기도 한결 수월해져.

소크라테스는 "사람이 자신의 몸이 가질 수 있는 아름다움과 강함을 알지 못하고 늙어버리는 것은 안타까운 일이다"라고 했지.

아들아, 탄탄한 몸매를 만들어서 평생 관리하며 살아라. 질병은 잊고 사는 대신, 세상에 불가능한 일은 없다는 사실을 알게 된단다.

멋있다고 생각해야 멋있어진다

생각이 행동이나 미래를 결정하는 경향이 있어. 좋은 생각은 좋은 일을 불러오고, 나쁜 생각은 나쁜 일을 불러들이지.

거울을 볼 때마다 미소를 지으며 자신을 칭찬해라. 최근에 잘했던 점이 있으면 칭찬해주고, 마땅히 생각나지 않으면 앞으로 일어날 행복한 순간을 예감해라.

칭찬을 자주 하면 칭찬할 일이 늘어나고, 행복한 순간을 자주 예감하면 거짓말처럼 행복한 일이 일어나지.

영국의 철학자이자 저술가인 제임스 앨런은 "우리는 오늘 우리의 생각이 데려다준 자리에 존재한다. 우리는 내일 우리의 생각이 데려다줄 자리에 존재할 것이다"라고 했어.

아들아, 거울을 볼 때마다 스스로 멋있다고 생각해라. 지금은 그렇게 멋있지 않더라도 계속 생각하다 보면 어느 순간, 정말 멋있는 남자가 된단다.

4

사회 생활을 시작하는
아들에게

삶의 목적은 올바르게 살고,
올바르게 생각하고,
올바르게 행동하는 것이다.

_ 마하트마 간디

아침은 가장 기분 좋은 말로 시작해라

하루를 잘 살기 위해서는 시작이 중요해.

잠자는 동안 뇌는 어제 있었던 일들을 정리해놓아. 밤새 걱정하다 잠들었다면 '정리된 걱정'이 떠오르고, 모처럼의 여행으로 들떠 있다 잠들었다면 '신나는 여행'이 떠오를 거야.

어젯밤에 무슨 생각을 하다 잠들었든, 아침에 눈을 뜨면 머릿속을 떠도는 말들 중 가장 기분 좋은 말을 소리 내서 말해라. 그럼 오늘 하루는 그 말과 비슷하게 흘러갈 거야.

좋은 말이 떠오르지 않을 때는 "오늘도 신나게 살아보자!"라고 말해라. 재미있고 흥겨운 하루를 살 수 있어.

아들아, 피곤하다고 해서 피곤하다고 말하면 종일 피곤하단다. 기분 좋은 말로 하루를 시작해야 기분 좋은 하루가 열리고, 기분 좋은 인생이 펼쳐진단다.

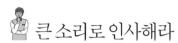 # 큰 소리로 인사해라

직장 예절의 기본은 인사야. 인사만 잘해도 조직의 분위기가 확 살아나지.

출근하면 일일이 성과 직위를 불러주면서 인사해라. 특히 궂은 날에는 다들 기분이 처지기 쉬우니 환하게 미소를 지으며 큰 소리로 인사해라. 그럼 너도 덩달아 기분이 좋아질 거야.

처음에는 소리 내서 인사했다면 다음에 만났을 때는 가벼운 눈인사만 해도 충분해. 화장실에서 마주쳤을 때는 인사하지 않아도 되는데 눈길이 마주쳐서 어색하다면 고개만 슬쩍 숙여.

퇴근할 때도 인사를 잊지 마라. 먼저 갈 때는 "먼저 퇴근하겠습니다"라고 인사하고, 늦게 퇴근할 때는 "안녕히 가십시오!"라고 인사해라.

아들아, '미운 사람에게는 쫓아가 인사한다'는 속담도 있듯이 인사만 잘해도 충분히 사랑받을 수 있단다.

절대 지각하지 않는 방법을 찾아라

어떤 일이 있어도 지각하지 마라. 출퇴근 시간은 회사와의 약속이다. 불운이 겹치면 지각할 수도 있으니, 최소 20분은 일찍 출근하는 습관을 들여라.

어쩔 수 없는 이유로 지각했다면 변명을 늘어놓지 말고 사과부터 해라. 그런 다음 상사가 지각한 이유를 물으면 그때 가서 솔직하게 말해라. 이야기가 길어지면 변명처럼 들리니 되도록 간략하게 대답해라.

아들아, 기본적인 것도 지키지 못하는 사람은 결코 믿을 수 없어. 어떤 일이 있어도 지각하지 않도록 너만의 방법을 찾아서 실행해라.

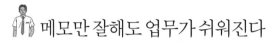 메모만 잘해도 업무가 쉬워진다

인간의 기억력은 한계가 있어. 메모하지 않고 암기하면 뇌의 효율성이 떨어져. 단기기억장치를 활용하는 데 많은 에너지를 소비하기 때문이지.

업무가 서툴 때는 질문할 점을 메모해놓은 다음 한꺼번에 물어보고, 상사가 가르쳐주면 핵심 내용을 다시 메모해라. 메모를 습관화하면 생각 정리 능력, 요약 능력, 논리력, 통찰력, 결단력이 발달해.

기발한 아이디어가 떠올랐을 때는 물론이고, 상사에게 보고하기 전에도 간략하게 핵심 내용을 정리해서 메모하고, 거래처와 통화할 때도 용건을 먼저 메모해라.

사카토 켄지는 《메모의 기술》에서 '기록하고 잊어라. 안심하고 잊을 수 있는 기쁨을 만끽하면서 항상 머리를 창의적으로 쓰는 사람이 성공한다'고 말했지.

아들아, 메모를 습관화하면 실수를 줄이며 효율적으로 일 처리를 할 수 있어. 또한 손으로 쓰고, 눈으로 보고, 입으로 확인하다 보면 기억력도 덩달아 좋아지니 꼼꼼하게 메모하는 습관을 길러라.

모르는 것은 때를 놓치지 말고 물어라

취업을 위해 혼자 공부하다가 입사하면, 혼자 결정하고 혼자 처리했던 지난 관습에서 벗어나지 못하는 경우가 종종 있어.

모르는 것이 있으면 선배에게 물어라. 무슨 일을 해야 할지, 어디서부터 시작해야 할지 막막할 때, 혼자의 힘으로는 도저히 업무를 처리할 수 없을 때는 주저하지 말고 물어보아라. 도움을 청하는 것도 능력이야. 솔직하게 물어보면 선배는 기꺼이 노하우를 전수해줄 거야.

업무 진행 중에도 중간보고를 해라. 제대로 하고 있다는 확신이 부족할 때는 물론이고, 확신하고 있을 때도 피드백을 구하면 오류가 눈덩이처럼 더 커지기 전에 바로잡을 수 있어.

'묻는 사람은 잠시 바보가 되지만 묻지 않는 사람은 영원한 바보로 남는다'는 중국 속담도 있지.

아들아, 입사 연차가 짧을 때는 모르는 걸 묻는 것은 흉이 아니라 칭찬받을 일이야. 업무를 독단적으로 처리하지 말고, 중간보고도 하면서 물으며 일해라.

주어진 업무를 사랑해라

직장생활을 하다 보면 내가 원하지 않는 업무에 배치될 수 있어. 만족스럽지 않더라도 내색하지 말고, 주어진 업무를 사랑하려고 노력해라.

모든 일에는 장단점이 있어. 적성에 맞지 않는 일도 열심히 하다 보면 재미를 붙일 수 있지. 또한 한 가지 일만 하기보다는 다양한 경험을 쌓아놓으면 경력이 되고 자산이 돼.

직장생활에서도 배움의 자세를 잃어서는 안 돼. 항상 배우고 연구하는 자세로, 효율적으로 일 처리할 노하우를 쌓아야 해.

우리는 직장에서 수많은 시간을 보내지. 그래서 미국의 작가이자 철학자인 앨버트 허버드는 "직업에서 행복을 찾아라. 아니면 행복이 무엇인지 절대 모를 것이다"라고 했어.

아들아, 주어진 업무가 마음에 들지 않을지라도 사랑하려고 노력해라. 관심을 갖고 일하다 보면 애정이 싹트고, 그러다 보면 언젠가는 존경받는 자리에 오를 거란다.

전문성을 증명할 자격증을 따라

부서마다 여러 명이 함께 일을 해. 부서에 배치되면 전문성을 증명할 관련 자격증을 따서, 대체 불가능한 사람이 될 필요가 있어.

예컨대 인사부에 근무하고 있다면 공인노무사나 4대보험관리사 같은 자격증을 따고, 구매부에 근무하고 있다면 CSPM이나 보세사 같은 자격증을 따는 거야.

현장 실무자들은 자격증을 경시하는 경향이 있지만 경영자들은 업무에 대한 관심과 애정으로 판단하지. 분명 승진을 비롯해서 직장생활을 할 때 여러모로 유리해. 경력직으로 이직할 때도 관련 자격증이 있으면 아무래도 눈에 띄게 마련이야.

아들아, 직장에 안주하지 말고 전문성을 증명할 자격증을 따라. 업무에 대한 자부심도 생기고, 너의 가치를 증명할 때도 유용하게 쓰인단다.

두괄식으로 말하는 습관을 길러라

기술 발달로 세상의 변화 속도 또한 점점 빨라지고 있어. 빠른 일 처리와 신속한 결단이 필요한 때야.

보고서를 작성할 때는 물론이고, 구두로 보고할 때도 두괄식으로 해라. 결론을 먼저 말한 뒤 근거와 증빙 자료를 적절히 활용해서 본론을 설명하는 거야.

직위가 올라갈수록 책임 범위가 넓어지고 업무량도 늘어나기에 핵심만을 정리한 간략한 보고를 원하게 마련이야. 평소에 요약해서 두괄식으로 말하는 습관을 길러놓으면 심플한 이미지를 줘 상사에게 인정받을 수 있어.

재즈 작곡가이자 베이스 연주자인 찰스 밍거스는 "간단한 것을 복잡하게 만드는 것은 평범함이고, 복잡한 것을 간단하게 만드는 것이 창의력이다"라고 했지.

아들아, 평소에 두괄식으로 말하는 습관을 길러라. 두괄식으로 말하다 보면 자연스럽게 핵심을 파악할 수 있고, 똑똑하다는 인상을 심어줄 수 있어.

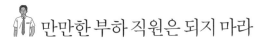# 만만한 부하 직원은 되지 마라

일을 열심히 해서 상사에게 인정받는 것까지는 좋아. 하지만 무슨 일이든 시키면 다 들어주는 만만한 부하 직원은 되지 마라. 업무량은 급격히 늘어나고 스트레스는 배가 된다.

어느 직장이든 무능한 상사는 존재하게 마련이야. 책임을 회피하는 상사도 있고, 매사에 간섭만 하는 상사도 있고, 성과만 가로채 가는 상사도 있고, 자기 생각은 무조건 옳다고 믿는 독불장군형의 상사도 있지.

상사의 유형을 파악해서 적절히 대처하지 않으면 만만한 부하직원이 되어서 잡다한 업무를 다 떠맡을뿐더러 저성과를 받게 돼.

폭언이 도에 지나치다고 판단되면 일 대 일로 면담을 신청해서 항의하고, 비상식적인 요구를 한다면 무시하거나 정식으로 불만을 토로할 필요가 있어.

아들아, '범도 고슴도치는 못 잡아먹는다'는 속담이 있어. 상사에게 충성하는 것은 좋지만 만만하게 보여서 이리저리 휘둘리지는 마라.

어려운 사람에게는 부탁해라

사회생활을 하다 보면 쉽게 친해지기 어려운 사람이 있지. 폐쇄적인 성격이어서 그런 경우도 있고, 나를 싫어하기 때문에 그런 경우도 있어.

친하게 지내고 싶은데 쉽게 다가갈 수 없는 경우라면 부탁을 해보는 거야. 너무 간단한 부탁이어도 안 되고, 너무 어려운 부탁이어도 안 돼. 그 사람이 약간의 신경만 쓰면 들어줄 수 있는 수준의 부탁이 딱 좋아.

부탁을 들어주면 닫혀 있는 마음의 문이 열려. 부탁을 들어주는 동안에는 너를 생각하게 되고, 호의를 베푼 김에 좀 더 베풀고 싶은 마음의 여유도 생기지.

아들아, 사회생활에서는 적을 아군으로 만드는 지혜도 필요하단다. 대하기 어렵다고 피해 다니지만 말고, 내 편으로 만들 방법을 찾아봐라.

자존심은 건드리지 마라

표준국어대사전에는 자존심을 '남에게 굽히지 않고 자신의 품위를 스스로 지키는 마음'이라고 설명하지. 속성상 자존심은 비교 우위를 통해서 형성되게 마련이야.

사람들은 누구나 콤플렉스를 갖고 있는데, 대개는 자존심이 센 사람일수록 콤플렉스가 심해. 감추고 싶은 것이 많다 보니, 쥐뿔도 없는 자존심만 내세우는 거야.

자존심이 센 사람을 만나면 조심할 필요가 있어. 좋지 않은 감정이 생기면 방어기제를 발동하고는 상대방의 콤플렉스를 찾아내서 공격하거든. 뒷말하는 자리에서 내뱉기도 하고, 대놓고 화를 내며 내뱉기도 하지.

자존심을 건드리는 말들은 일단 뱉고 나면 수습 자체가 어려워. 그 일 때문에 감정적으로 영영 멀어지기도 하고, 보복을 당할 가능성도 있어.

자존심은 독 오른 뱀과도 같아. 잘못 건드렸다가는 호되게 물릴 수 있으니 건드리지 않는 것이 최선이야.

　평소에 직업의 귀천을 따지지 말고, 재산의 많고 적음으로 사람을 구분하지 말고, 학벌의 좋고 나쁨으로 능력을 판단하지 말고, 타 종교나 정치 성향에 대해서 비판하지 말고, 여자들의 용모로 점수를 매기지 말고, 비교해서 업신여기는 마음 자체를 경계해라.

　아들아, 아무리 가까운 사이라 할지라도 자존심만큼은 건드리지 않도록 유의해라. 상처받은 자존심은 물불 가리지 않는 법이란다.

가끔은 상사에게 나를 어필해라

　직장생활에서 어려운 점 중 하나는 상사와의 관계 유지야. 한 사람과 너무 가깝게 지내면 '심복'이라는 소문이 나서 다른 사람의 눈총을 받고, 그렇다고 거리를 두면 죽어라 일하고도 인사고과에서 낮은 점수를 받지.

　일단 같은 부서의 상사라면 호감을 얻어야 해. 그러기 위해서는 먼저 상사가 싫어하는 말과 행동, 좋아하는 말과 행동을 파악할 필요가 있어. 상사에게 잔소리를 듣거나 눈살을 찌푸리는 짓을 했다면 적어놓았다가 반드시 개선해라. 칭찬을 듣거나 흐뭇해하는 행동을 했다면 계속 발전시켜라.

　또한 상사마다 중시하는 업무 스타일이 있어. 기본을 중시하는 상사가 있는가 하면, 실적을 중시하는 상사도 있고, 열정을 중시하는 상사도 있지. 업무를 처리할 때는 항상 상사의 업무 스타일을 염두에 둬라.

직장인은 자신의 이미지를 관리해야 해. 직속 상사와 가까운 분들을 잘 사귀어놓으면 말이 돌고 돌아서 상사에게 호감을 얻을 가능성이 커.

열심히 일하는 것도 중요하지만 가끔은 상사에게 나를 어필할 필요도 있어. 특히 인사철을 앞두었을 때는 한 해 동안 얼마나 열심히 일했는지 정확한 수치를 동반한 실적을 들어가면서 슬쩍 나의 능력을 부각하는 거야.

아들아, 인간은 망각의 동물이니 가끔은 상사에게 어필해라. '우는 아이에게 젖 준다'는 속담도 있잖니. 침묵하고 있으면 아무도 너의 수고를 모른단다.

좋은 사람에게는 마음을 열어라

쾌적한 직장생활을 위해서는 적정 거리가 필요해. 선후배나 동료, 협력업체 사람들과 적정 거리를 유지하는 건 좋지만, 간혹 좋은 사람을 발견하면 마음의 문을 열어라.

인맥관리는 양보다는 질이야. 밤하늘에도 유독 빛나는 별이 있듯, 유독 보석처럼 빛나는 사람이 있어. 배울 점이 있거나 좋은 사람이라고 판단되면 먼저 다가가서 마음의 문을 여는 거야.

사람을 사귈 때는 관심과 공감이 중요해. 관심은 사귀고 싶다는 신호고, 공감은 마음의 문을 열고 소통하고 싶다는 적극적인 의사표시야. 오쇼 라즈니쉬는 "누군가와 서로 공감할 때 사람과 사람과의 관계는 좀 더 깊어질 수 있다"고 했지.

퇴근 후 함께 밥을 먹으면서 사적인 이야기도 나누고, 멋있는 점은 칭찬해주고, 가족사진도 보여주고, 직장인의 애환도 함께 나누다 보면 점점 가까워지지.

아들아, 세상은 혼자 살 수 없으니 좋은 사람을 많이 사귀어라. 좋은 사람과의 만남이 후회 없는 인생을 만드는 법이란다.

직장에 안주하지 말고 능력을 키워라

코로나19로 말미암아 수많은 정규직 노동자가 해고되었어. 그 대신 계약직, 임시직이 늘어났지. 전체 노동자 중에서 프리랜서의 비율이 점점 높아지고 있어. 전문가들은 2027년에는 노동자 두 명 중 한 명이 프리랜서로 일할 거라고 전망하지.

급변하는 노동시장에서 살아남으려면 개인의 능력을 키워야 해. 전 세계의 구직자들이 인터넷에 접속해서 필요한 일자리를 찾는 세상이야. 고임금 노동자가 되려면 차별성을 높이고 경력을 쌓아야 해.

배송이나 운전 같은 단순 업무가 아닌 전문직 노동자로 일하기 위해서는 미래의 트렌드를 파악하면서 공부해야 해. 지금이야말로 미래를 위해 아낌없이 투자해야 할 때야.

아들아, 좋은 직장에 다닌다 방심하지 말고 시대에 부응하는 인재가 되기 위한 능력을 더욱 키워라. 지금 능력을 더 키워놓지 않으면 미래에는 수십 개의 직업을 전전할 수도 있어.

성장 가능한 곳으로 움직여라

직장을 선택할 때는 물론이고 이직이나 진학을 고려할 때도 내가 성장할 수 있고 기업이 성장할 수 있는 곳인지를 먼저 살펴라.

인간도 그렇지만 기업 역시 성장이 정체되면 사라질 일만 남아. 희망이 사라져버리면 노화가 빠르게 진행되는 법이지.

과학이 발전하고 기술 또한 복잡해져서 혼자의 힘으로 성공하기란 어려운 세상이야. 과거에는 천재 한 사람이 기업을 일으켜 세웠다면, 지금은 여럿이서 머리를 맞대고 힘을 합쳐야만 기업을 일으켜 세울 수 있어. 혼자서 해결할 수 없는 복잡한 문제가 산적해 있거든.

비록 지금은 성장 단계여서 체제도 잡혀 있지 않고 여러모로 부족한 점이 많다 해도, 성장 가능성이 있다면 함께 일해보는 것도 나쁘지 않아. 혼자라면 엄두를 낼 수 없는 성공도 여럿이 힘을 합치면 가능하거든.

아들아, 직업을 고를 때는 현재보다 미래에 초점을 맞춰라. 안주하는 기업은 역사의 뒤안길로 한순간에 사라진단다.

 탐욕을 경계해라

슬기로운 사회생활을 하려면 중용을 지
켜야 해. 자본주의 사회는 영혼보다 물
질을 추구하기 때문에 마음의 중심을
잃으면 탐욕에 빠지게 돼.

눈먼 돈을 챙기려는 것도 탐욕이고, 일을
잘하는 수준을 넘어서서 완벽하게 처리하려는 것도 탐욕이고, 능
력 이상의 인정이나 연봉을 받으려는 것도 탐욕이고, 분수에 넘치
는 명품을 욕심내는 것도 탐욕이고, 욕망 해소 차원의 사랑 없는
만남 또한 탐욕이야.

탐욕에 빠지면 순수성을 잃어버리고, 자신의 행위를 합리화하
지. 깊이 빠져들면 정신과 육체의 조화가 허물어지면서 건강마저
잃게 돼.

프랑스의 철학자이자 사상가인 몽테뉴는 "탐욕은 일체를 얻고
자 욕심내어서 도리어 모든 것을 잃어버린다"고 했지.

아들아, 들끓는 욕망이 이성을 지배하는 순간을 경계해라. 일순
간 눈이 멀어 탐욕에 빠지면 평생 후회하게 돼.

돈을 즐겁게 쓰되, 꼭 써야 할 곳에만 써라

인생의 즐거움 중 하나가 돈 쓰는 즐거움이야.

미국의 시인이자 역사가인 칼 샌드버그는 "돈이란 힘이고 자유이며, 모든 악의 근원이기도 하고, 한편으로는 최대의 행복이 되기도 한다"라고 했지.

돈의 행복을 온전히 느끼려면 직접 돈을 벌어봐야 해. 부모님에게 돈을 타서 쓰면 돈 버는 과정이 생략되어서, 돈의 행복이 아니라 단순히 소비의 즐거움을 느낄 뿐이야.

땀 흘려 일해서 월급을 받아도 저축을 하고 살아가는 데 필요한 경비를 지출하고 나면, 사실 쓸 돈은 그리 많지 않아. 그래서 가격 대비 성능이 좋은 '가성비'를 따지고, 심리적인 만족감을 얻을 '가심비'를 따지는 거야.

아들아, 가성비도 좋고 가심비도 좋지만 쓸데없는 지출은 최대한 줄여라. 돈을 통제할 줄 알아야 원하는 삶을 살 수 있단다.

안정적인 곳에 꾸준히 투자해라

세계 경제는 눈덩이처럼 세월과 함께 스스로 몸집을 불려가는 특징이 있어. 세계 경제 장기전망보고서에 의하면 2042년에는 세계 경제가 지금의 두 배 규모로 성장할 거래.

현 체제에서는 개미처럼 죽어라 일해도 저축만으로는 부자가 될 수 없어. 부자가 되려면 재테크를 해야 하고, 재테크로 불린 돈으로 내가 일하지 않아도 고정적인 수입이 들어오는 시스템을 구축해야 해.

재테크는 이론보다도 경험이 훨씬 중요해. 이론에 밝은 경제학 교수들도 실전 투자로는 변변한 수익을 올리지 못하는 경우가 허다하거든.

제대로 재테크를 하려면 종잣돈 마련이 우선이야. 보잘것없는 돈으로 재테크를 할 경우, 수익 대비 시간만 낭비하게 돼.

아들아, 종잣돈을 모아서 안정적인 곳에 꾸준히 투자해라. 지속적으로 투자하면 고수익을 올릴 수 있고, 경제를 보는 안목도 높아진단다.

인연이 아닌 것은 놓아주어라

불교에서는 '인연(因緣)'을 중시하지. 인연이란 뫼비우스의 띠 같은 거야. 하나로 맺어지려면 나의 노력도 필요하지만 외적인 요소도 도와줘야 해.

'옷깃만 스쳐도 인연'이라고 하지만 복잡한 현대사회를 살아가다 보면 제대로 된 인연을 만나기란 쉽지 않아.

그것이 사랑이든, 목표이든, 일이든, 물건이든 간에 나의 오랜 노력과 정성에도 불구하고 뜻대로 되지 않을 때가 있어. 스스로 판단해보건대 최선을 다했음에도 이루어지지 않았다면 그건 나와 인연이 아닌 거야.

아들아, 인연이 아니라고 생각되면 더 이상 미련을 갖지 말고 놓아줘라. 그래야 또 다른 시작을 할 수 있고, 더 좋은 인연을 만나는 법이란다.

슬퍼하지 마라, 뜻대로 잘 안되니까
인생이다

세상일이 뜻대로 잘 안될 때가 있어. 로마의 극작가 플라우투스
는 "인생에서는 바라지 않는 일이 간절히 바라는 일보다 훨씬 더
자주 일어난다"고 했지.

승진 대상자 중에서 혼자만 떨어지고, 며칠만 쓰고 준다기에 적
금까지 깨서 돈을 빌려준 친구는 잠수타고, 사랑하는 여자에게
말도 안 되는 이유로 차이고, 효도 한번 제대로 해보려고 열심히
돈을 모으고 있는데 부모님이 갑자기 임종하고, 바보처럼 보이스
피싱을 당하고는 벙어리 냉가슴 앓듯 혼자 끙끙대고, 실수로 한
칸 밀려 쓰는 바람에 몇 년 동안 준비한 시험을 망치고, 길을 가는
데 갑자기 자동차가 인도로 뛰어들어서 병원 신세를 지고…….

살다 보면 뜻밖의 지독한 불운과 마주치게 돼. 무릎이 휘청거려
서 서 있을 힘도 없고, 숨쉬기도 힘들어서 더 이상 살아야 할 이유
조차 찾을 수 없을 때가 있지.

*아들아, 너의 잘못이 아니니 자책하지도 말고 슬퍼하지도 마라.
인생을 살다 보면 지독한 불운이 찾아오지만 다행히 오래 머무르
지는 않는단다.*

5

행복한 결혼을 꿈꾸는
아들에게

누군가가 다른 사람의
반쪽이 되는 것은 결코
좋은 일이 아니다.
우리는 한 사람의
완전한 인격체이다.

_앤드루 매튜스

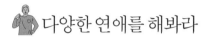 # 다양한 연애를 해봐라

여러 이유로 결혼 적령기가 늦춰지고 있어.

결혼을 일찍 하면 정서적인 안정을 찾을 수 있고, 자녀를 조기에 양육할 수 있다는 점에서 좋아. 결혼을 늦게 하면 경제력을 어느 정도 갖춘 상태에서 시작하게 되고, 정신적으로도 성숙해져서 배우자에 대한 이해의 폭이 넓어진다는 점에서 좋지.

한 사람을 오래 사귀어서 결혼하는 것도 나쁘지는 않지만 다양한 연애를 해봐라. 프레젠테이션도 하다 보면 느는 것처럼 연애도 해봐야 늘거든. 다양한 사람을 만나봐야 어떤 여자가 나에게 잘 맞는지 알 수 있고, 남자와 다른 여자만의 특성도 알 수 있어.

프랑스의 작가 S. R. N 샹포르는 "연애가 결혼보다도 즐거운 것은 소설이 역사책보다 더 재미있는 것과 같은 이유다"라고 했지.

아들아, 기회가 있을 때 다양한 연애를 해봐라. 안목이 생겨야 좋은 여자를 만나 행복한 결혼생활을 할 수 있단다.

여자와 대화할 때는 그 순간을 즐겨라

여자는 남자와 여러모로 다르다 보니, 자연스럽게 대화할 줄 아는 남자는 그리 많지 않아. 특히 남자 형제만 있는 집에서 자라고 남중과 남고를 졸업한 경우에는 어떻게 대화를 시작해야 할지 몰라, 여자 앞에만 서면 꿀 먹은 벙어리가 되곤 하지.

남자의 뇌는 목적 있는 대화에 익숙해져서 여자와의 대화가 길어지면 어떻게든 빨리 결론을 내고 싶어 안달해. 여자가 원하는 걸 말하지 않고 말을 빙빙 돌리는 것 같으니까 대화 자체가 스트레스야.

반면 여자의 뇌는 목적 없는 소소한 대화에 익숙하고, 대화 그 자체에서 즐거움을 느껴. 상대방이 자신의 이야기에 공감해주면 스트레스도 풀리고, 신경전달물질인 세로토닌과 옥시토신이 분비되면서 사랑받는 느낌도 들거든.

독일의 신학자 폴 틸리히는 "사랑의 첫 번째 의무는 상대방의 말에 귀 기울이는 것이다"라고 했지.

아들아, 여자와 대화할 때는 긴장을 풀고 대화 그 자체를 즐겨라. 여자가 원하는 것은 관심과 공감이니, 딱히 할 말이 없으면 사소한 질문을 던지면서 공감 경청을 해라.

마음속으로 먼저 선택한 뒤 의견을 물어라

여자는 즉흥적인 남자보다는 계획적인 남자를, 우유부단한 남자보다는 결단력 있는 남자를 좋아하지. 뒤에서 졸졸 쫓아가는 남자보다는 앞에서 리드해주는 남자에게 끌려.

데이트할 때 여자가 의견을 물으면 "아무거나"라는 말은 하지 마라. 대다수의 여자는 남자를 이끄는 걸 부담스러워하거든.

데이트 코스도 미리 두세 개 정해놓아라. 영화도 미리 두세 개 선택해놓고, 음식 메뉴도 미리 두세 개 선택해놓아라. 그런 다음 여자에게 의견을 묻고, 그녀의 의견과 취향을 존중해서 최종 선택을 해라.

주관이 없는 남자는 매력도 없을뿐더러 선택장애자처럼 비칠 수 있으니, 마음속으로 먼저 선택한 뒤 의견을 물어라.

아들아, 연애에도 나름의 요령과 준비가 필요해. 준비된 자만이 여자의 마음을 사로잡을 수 있단다.

독신으로 살지 말고 결혼해라

요즘에는 결혼 적령기도 늦어지면서 독신주의도 늘어나고, 혼인신고를 하지 않고 살아가는 비혼주의도 늘어나는 추세야.

결혼하지 않으려는 명확한 이유가 있다면 몰라도, 그렇지 않다면 결혼을 해라. 일시적인 행복은 비범함 속에도 머물지만 은은하면서도 오래가는 행복은 평범한 속에 머문다.

뒤늦게 나이 먹고 자기 생각이 잘못되었음을 깨닫고 결혼할 경우, 자녀 출산이나 육아에서 큰 어려움을 겪는단다. 친구들이 자녀를 출가시키고 자유를 만끽할 때도, 자녀들 뒷바라지를 위해서 뛰어다녀야 하거든.

독신으로 살면 나이를 먹을수록 고독이 점점 병처럼 깊어져. 기혼은 독신보다 훨씬 행복하고 건강한 삶을 살 가능성이 크며 재산을 축적하는 데도 유리해.

벤저민 프랭클린은 "독신자는 결혼한 사람들이 품은 가치를 갖고 있지 않다. 그는 불완전한 동물이며 가위의 외짝 날과도 같다"고 했지.

아들아, 마음에 드는 여자를 발견했으면 주춤거리지 말고 결혼해라. 때론 그 순간을 후회하겠지만 임종하는 순간에는 가장 현명한 선택이었음을 깨달을 거야.

이런 여자와는 결혼하지 마라

인생에서 가장 중요한 일 중 하나가 결혼이야. 인생은 체험이고 그 체험을 통해서 행복을 찾는 것이 바람직하므로, 결혼 또한 안 하는 것보다는 하는 것이 좋아.

소크라테스는 "남자는 좋은 아내를 얻으면 행복한 사람이 되고, 나쁜 아내를 얻으면 철학자가 된다"고 했어. 평생 철학자로 살고 싶지 않다면 이런 여자만큼은 피해라.

하나, 자존감이 낮은 여자. 자신의 소중함도 모르고 자신의 능력조차도 부정하는 여자는 만나지 마라. 이런 여자는 얼핏 보면 겸손해 보이지만 자신의 고민이 너무 커서 누군가를 사랑할 마음의 여유가 없다.

둘, 부정적인 여자. 나름의 논리로 무장하고 있어서 얼핏 보면 똑똑해 보이지만 세상에 대한 불신으로 가득 차 있다. 이런 여자는 남자의 도전 정신은 물론이고 성공에 대한 의욕마저 꺾는다. 날개 잃은 새가 되고 싶지 않다면 이런 여자는 피해라.

셋, 남 탓하는 여자. 자신의 잘못을 인정하기보다는 남의 탓으로 돌리는 여자는 얼핏 보면 자신감이 넘쳐 보이지만 배려심도 부족하고 안하무인이다. 친구 앞에서 남편 흉을 보거나 백화점 같은 곳에서 갑질하는 여자가 이런 부류다.

넷, 허영심이 강한 여자. 미적 감각도 있고 화려하게 꾸미고 다녀서 얼핏 보면 부잣집 딸 같지만 알맹이 없는 빈껍데기인 경우가 대부분이다. 매사에 경쟁적이어서 남자를 피곤하게 하는 데다 낭비벽이 지나칠 경우 범죄자가 될 수도 있지.

다섯, 짜증이 몸에 밴 여자. 살짝 찡그린 표정이 얼핏 보면 도도하고 매력적으로 보이지만 체력이 약하거나 건강이 안 좋은 경우가 대부분이야. 예쁘고 늘씬한 미인 중에 종종 있는데, 결혼하고 나면 극도로 게을러져서 손끝 하나 까딱하지 않는다.

아들아, 세상은 빛과 어둠으로 이루어져 있듯 훌륭한 여자가 있으면 형편없는 여자도 있게 마련이야. 행복한 결혼을 꿈꾼다면 눈에 보이는 것에만 현혹되지 말고 여자의 내면을 들여다보아라.

이런 여자와 결혼해라

어떤 여자와 결혼하느냐에 따라서 삶은 천국이 될 수도 지옥이 될 수도 있어. 좋은 배우자를 만나고 싶다면 다섯 가지만 기억해라.

하나, 나를 사랑해야 한다. 재산이나 학력 같은 한 부분을 사랑하는 것이 아니라, '나'라는 인간 그 자체를 사랑하는 여자여야 한다. 그래야 인생이라는 먼 길을 서로가 존중하며 함께 갈 수 있다.

둘, 인성이 좋아야 한다. 천성이 해맑아서 어린이를 좋아하고, 노인을 제대로 보살필 줄 알고, 겸손해서 작은 일에도 감사하며 기쁨을 표현할 줄 안다면 인성이 좋은 여자다.

셋, 배려심이 깊어야 한다. 자신의 꿈과 가치관이 확실하고, 개성을 존중해주고, 칭찬을 자주 해서 용기를 주며, 힘들어할 때는 말없이 안아준다면 배려심이 깊은 여자다.

넷, 지혜가 있어야 한다. 사랑받기보다 사랑을 베풀 줄 알고, 자신을 가꿀 줄 알고, 자신의 할 일은 알아서 척척 해내고, 문제의 본질을 파악할 줄 안다면 지혜로운 여자다.

다섯, 건강해야 한다. 집안에 아픈 사람이 있으면 우환이 끊이질 않는다. 건강한 아이를 낳아서 제대로 육아하려면 기본 체력이 있어야 한다. 결혼 전에 함께 등산하거나 병원 등에서 체력을 측정해봐라.

아들아, 너만의 짝을 고를 때는 기본기를 중시해라. 스케치가 좋아야 멋진 그림이 그려지듯, 기본기를 갖춘 여자를 만나야 행복한 결혼생활을 할 수 있다.

서로의 가치관을 확인해라

부부란 함께 먼 길을 가는 사이야. 가야 할 길이 다르다면 언젠가는 헤어질 수밖에 없어. 물론 가치관이 정확히 일치하는 사람을 만나기란 쉽지 않아. 그래도 세 가지 가치관은 확인해본 뒤 프러포즈를 해라.

첫째, 돈에 대한 가치관이다. 부부는 경제공동체다. 한 사람은 절약을 미덕으로 삼고 악착같이 저축하는데, 다른 한 사람은 소비를 미덕으로 삼고 버는 족족 쓰기만 한다면 결혼생활 자체가 유지될 수 없다.

둘째, 종교에 대한 가치관이다. 종교가 서로 다르면서 열렬한 종교 신자라면 언젠가는 반드시 부딪히게 마련이란다.

셋째, 자녀에 대한 가치관이다. 무자식이 상팔자라는 사람도 있고, 자식을 많이 낳아서 유복한 가정을 꾸리려는 사람도 있다. 교육관 또한 현저히 다를 수 있으니, 서로의 생각을 확인해볼 필요가 있다.

아들아, 결혼생활의 행복과 불행은 예식장에 들어서는 순간 이미 정해진단다. 불행의 씨앗을 품고 있는 결혼을 피하려면, 결혼 전에 신부가 될 사람을 꼼꼼하게 살펴라.

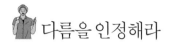 다름을 인정해라

종자가 다르면 나무의 생김새가 비슷할지라도 다른 열매가 달리듯 남자와 여자는 근본적으로 달라.

오랜 교제 끝에 결혼한 커플일지라도 결혼 초창기에 이혼하는 경우도 종종 있어. 이성 교제와 결혼은 또 다른 문제거든. 이성 교제는 숨을 공간이라도 있지만 결혼은 숨을 공간 자체가 없어. 서로 모든 것을 공유하며 살아가는 게 결혼이야.

긴 세월 성별도 다른 남녀가 각기 다른 환경에서 살아왔으니 생각도 다르고, 성격도 다르고, 표현하는 방식도 다른 건 당연해. 결혼이란 서로 다른 점을 일치시키며 살아가는 것이 아니라, 서로 다른 점을 인정하며 살아가는 거야.

아들아, 나와 다른 점 때문에 다소 불편할지라도 바꾸려 하지 마라. 그저 이해하고 존중해주려고 노력해라. 서로 다른 점을 융합해서 시너지 효과를 낼 때 비로소 사람들이 부러워하는 잉꼬부부가 되는 거란다.

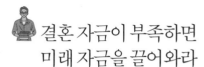

결혼 자금이 부족하면
미래 자금을 끌어와라

집값도 치솟고, 결혼 비용도 만만치 않아. 그래도 결혼하고 싶다면 미래 자금을 끌어다 써라.

중상류층 집안이 아닌 이상 결혼 비용을 완벽하게 마련하기란 사실상 어려운 시절이야. 그렇다고 나이는 먹어가는데 언제까지 결혼을 미룰 수는 없잖니.

젊었을 때는 경제력이 다소 부족해도 흠이 되지 않아. 프러포즈할 때 부족한 경제력을 너의 가능성이나 장래성으로 대신하면 돼.

정치인의 공약처럼 "지금은 내가 거지지만 결혼하고 나면 부자로 살게 해줄게"처럼 신뢰성이 떨어지는 프러포즈를 해서는 효과를 기대하기 힘들어. 되도록 너의 가능성을 정확한 수치로 표현하는 거야. 예를 든다면 이런 식이야.

"취업한 후 매월 얼마만큼 저축했고 재테크로 연 몇 퍼센트의 수익을 냈으며 몇 년 뒤에는 연봉도 상승해서 총자산이 얼마가 되니, 그때까지만 곁에 있어준다면 내가 평생 남부럽지 않게 해줄게."

물론 너에게 투자를 하느냐 마느냐는 신부의 선택에 달려 있어. 그래도 승산은 반반이니 치밀하게 전략을 짜서 밀어붙여라. 진심은 생각보다 힘이 세단다.

아들아, 결혼 자금이 부족하다 기죽지 말고 너의 장래성을 어필해라. 긍정적인 측면에서 보면 현명한 신부를 얻을 좋은 기회란다.

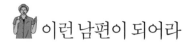# 이런 남편이 되어라

바넷 브리크너는 "성공적인 결혼이란 단순히 올바른 상대를 찾았을 때가 아니라 올바른 상대가 되었을 때 이루어진다"고 했어. 행복한 결혼은 서로의 의지와 노력으로 이루어지는 것이니, 다음의 여섯 가지를 명심해라.

하나, 세상의 그 어떤 여인보다 아내를 귀하게 대해라.

둘, 아내가 꿈을 이룰 수 있도록 아낌없이 지원해라.

셋, 머리끝까지 화가 치밀 때도 아내의 인격을 존중하고 배려해라.

넷, 부부싸움으로 사이가 어색해지면 먼저 화해의 손을 내밀어라.

다섯, 입가에는 미소를 머금고 아침저녁으로 이런 말을 해라. '사랑해요', '수고했어요', '잘 먹을게요', '고마워요', '오늘 참 예뻐요' 등.

여섯, 평생 열과 성을 다해 아내만을 사랑해라.

아들아, 좋은 아내가 좋은 남편을 만들듯 좋은 남편이 좋은 아내를 만드는 법이야. 사랑은 양보할 때 빛이 나니, 평생 아내에게 양보하며 살아라.

규칙을 정하되, 수시로 업그레이드해라

각기 다른 삶을 살아온 두 사람이 한 공간에서 함께 살아간다는 것은 그 누구에게도 쉽지 않은 일이야. 사소한 불만이 쌓이면 분쟁의 불씨가 되니 미리 규칙을 정해라. 규칙만 잘 정해도 불필요한 다툼을 줄여서 평안한 결혼생활을 할 수 있어.

부부로서 지켜야 할 규칙, 경제와 관련된 규칙, 육아 및 가사 분담에 관한 규칙, 부부싸움 행동 규칙, 화장실 사용 규칙, 성생활에 관한 규칙 등등을 미리 정해놓고 각자 충실히 이행하면 간섭할 일이 확연히 줄어들어.

부부의 삶 또한 한곳에 머물지 않고 세월이 흐르면 조금씩 변하게 마련이야. 맞벌이에서 외벌이가 될 수도 있고, 심지어 역할이 바뀔 수도 있어. 상황에 맞게끔 수시로 업그레이드를 하면 불평불만을 사전에 방지할 수 있지.

아들아, 규칙을 정해놓고 살아가되 규칙은 깨질 수도 있음을 항상 염두에 두어라. 갈등의 순간이 오면 사랑은 깨지고 규칙만 남는 쪽보다는, 규칙은 깨져도 사랑이 남는 쪽을 선택해라.

정보 부족이 부부싸움을 부른다

바쁘고 힘들 때일수록 대화를 많이 해라. 오해는 서로에 대한 정보가 부족할 때 발생하고, 결국은 소모적인 싸움으로 이어지게 마련이야. 아내와 대화할 때는 네 가지를 기억해라.

하나, 불편한 감정은 감추지 말고 솔직하게 털어놓아라.

아내는 세상에서 가장 참혹한 비극일지라도 수용할 마음의 준비가 되어 있다. 단, 아내가 마음의 위안을 줄 거라는 기대는 하지 마라. 기대가 크면 실망도 큰 법이다.

둘, 아내의 일상에 관심을 가져라.

여자는 항상 자신의 존재 가치를 확인받고 싶어 한다. 매일 반복되는 일상이라 할지라도 퇴근하고 집에 오면 "오늘은 어땠어?" 하고 물어라. 아내는 대화로써 쌓인 스트레스를 풀면서 동시에 사랑받고 있다는 감정을 느낀다.

셋, 논리적으로 따지지 말고 공감해줘라.

남자는 대화할 때 시시비비를 정확히 가려야 갈등이 사라진다고 생각한다. 하지만 실제로는 남자가 여자 편이 되어서 여자의 이야기에 공감하는 순간 모든 갈등은 해소된다.

넷, 아내가 힘든 감정을 토로
하면 마음을 다독여줘라.

아내가 직장 일로든, 집안일
로든, 인간관계로든 힘든 감정을
토로하면 "저런! 그래서 요즘 당신
이 그렇게 힘이 없었구나. 많이 힘들었
지?"하고 다독여줘라. 그 순간, 아내는 서러
움이 사랑으로 바뀌면서 운명 공동체라는 생각을 하게 된다.

아들아, '말이란 토끼처럼 부드러울수록 좋다'는 티베트 속담이
있어. 아내의 눈을 바라보며 부드러운 말로 대화를 나누다 보면, 삶
이 꽃밭이라는 사실을 깨달을 거야.

서로 존댓말을 해라

　연애할 때는 서로 반말을 하거나 나이가 어린 사람만 존댓말을 했을지라도, 결혼했으면 서로 존댓말을 해라.

　낯선 사람에 대한 존댓말이 '존중'의 의미라면 부부의 존댓말은 '서로가 더 아끼고 사랑하자'는 의미야. 따라서 나이 차이가 날수록 서로 존댓말을 써야 해. 남편은 반말하고 아내는 어리다는 이유로 존댓말을 할 경우, 결혼생활이 권위적으로 흘러갈 수밖에 없어.

　처음에는 어색할지라도 서로 존댓말을 하면 부부싸움의 수위를 낮출 수 있지. 반말로 부부싸움을 하면 감정적으로 격해져서 언어 폭력이나 실제 폭력으로 이어질 수도 있거든.

　'말로 입힌 상처는 칼로 입힌 상처보다 깊다'는 말이 있듯 언어 폭력은 세월이 지나도 쉽게 잊히지 않으니, 사전에 방지책을 마련해놓을 필요가 있어.

　아들아, 행복한 결혼생활이란 부부가 함께 좋은 습관을 늘려나가는 거야. 존댓말을 쓰면서 서로에 대한 애틋한 마음을 키워나가라.

아내가 살아온 삶을 항상 기억해라

신경학자들의 연구에 의하면 성장 환경은 성격은 물론이고 두뇌 발달에도 영향을 미친대. 아내를 좀 더 이해하고 사랑하고 싶다면 아내가 살아온 삶을 기억해둬.

말과 행동은 생각을 통해서 나오는데, 그 생각은 살아온 날들로 형성되거든. 아내의 지나온 삶을 알면 왜 그런 말과 행동을 하는지 어느 정도는 이해할 수 있어. 한마디로 이해의 폭이 넓어지는 거야.

아내가 좋아하는 것이나 싫어하는 것도 지난 삶을 유추해보면 짐작할 수 있어. 선물을 고를 때나 외식할 때도 도움이 되지. 특히 부부싸움을 하고 나면 아내의 마음을 헤아릴 수 있어서, 분하고 억울한 감정을 어렵잖게 삭일 수 있어.

아들아, 한 사람을 완전히 이해하기란 하나의 우주를 완전히 아는 것만큼이나 어려운 일이란다. 그럼에도 서로 노력하지 않으면 사랑은 점점 빛을 잃어가니, 항상 아내를 이해하기 위해서 노력해라.

각자의 역할을 존중하고 지지해라

부부는 둘이지만 하나이고, 하나이지만 둘이야. 맞벌이하든 외벌이하든 부부에게는 각자 주어진 역할이 있게 마련이지.

그 어떤 직업이든 간에 배우자의 위치를 존중해주고 격려와 응원을 아끼지 마라. 설령 남편이 높은 연봉을 받고 아내가 박봉에 시달린다 해도, 아내의 직업을 경시해서는 안 돼. 그것은 곧 아내를 무시하는 것과도 같아.

아내가 집에서 살림만 하는 가정주부라 하더라도, 그 역할을 존중하고 지지해야만 해. 그래야만 비로소 밖에서 돈을 벌어오는 남편이 빛이 나거든.

아들아, 행복한 결혼생활은 각자의 역할에 충실할 때 슬며시 찾아와. 어리석은 사람은 스스로 잘난 체함으로써 인정받으려 하지만, 현명한 사람은 상대를 존중해줌으로써 인정받지.

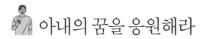 아내의 꿈을 응원해라

결혼을 서로가 성장하기 위한 발판으로 삼아라. 한 사람이 희생해서 한 사람만 잘되기보다는 함께 성장하는 길을 택해라. 남편은 남편대로, 아내는 아내대로 성장해가야만 행복한 가정을 이룰 수 있어.

아내가 꿈이 없다면 몰라도, 꿈이 있다면 그 꿈을 이룰 수 있도록 물심양면으로 지원해라. 남편 혼자만 성장해갈 경우, 아내의 좌절감은 깊어져서 부부 사이가 소원해진단다.

인간은 욕망하는 존재야. 집에서 살림밖에 할 줄 모르는 아내라고 한들 성취감을 느끼고 싶지 않고, 가슴 설레는 삶을 살고 싶지 않겠니.

아들아, 아내가 진정으로 원하는 것이 있다면 그걸 이룰 수 있도록 기꺼이 도와주어라. 아내의 눈빛이 반짝반짝 빛날 때 너의 인생도 함께 빛나는 거란다.

부부가 함께 취미 활동을 즐겨라

결혼했다면 아내와 함께 취미 활동을 해라. 같이하다 보면 대화 시간도 늘어나고, 혼자 할 때보다 만족도도 높고, 금슬도 훨씬 좋아져.

남자와 여자는 성향이 달라서 좋아하는 취미 또한 달라. 같은 취미가 있다면 다행이지만, 없는 경우 서로가 함께할 취미를 찾아봐라.

먼저 아내에게 좋아하거나 하고 싶은 취미에 대한 리스트를 작성해보라고 해. 그런 다음 그중에서 네가 좋아하는 취미를 찾아서 함께하는 거야.

단, 지나치게 격렬하거나 승패를 갈라야 하는 경쟁적인 취미는 지양하는 편이 좋아. 부상의 위험도 있고, 오히려 감정적으로 상할 수도 있거든.

아들아, 인생에서 부부가 함께 즐기는 순간만큼 행복한 순간은 많지 않단다. 함께 취미 활동을 하면서 결혼생활의 즐거움을 만끽하여라.

지킬 수 없는 약속은 하지 마라

부부는 신뢰가 기본이야. 매일 얼굴을 맞대고 사는 사이라고 해서 작은 약속쯤은 어겨도 된다는 생각은 대단히 위험한 발상이지.

약속은 신뢰를 쌓는 일로써 상대방에 대한 존중이 깃들어 있어. 약속을 어기면 아내는 무시당하는 느낌과 함께 부부관계 자체를 의심하게 돼.

처음부터 지킬 수 없는 약속은 하지 않는 게 좋아. 일상의 사소한 약속일지라도 지킬 수 없을 것 같다는 생각이 들면 아내와 합의를 하는 거야. 예를 들어 아내가 잦은 음주로 잔소리를 한다면 "알았어! 다시는 안 먹을게!"라는 식으로 대답하지 말고, "일주일에 두 번만 마시도록 노력해볼게"라고 대답하는 거야.

아들아, 신뢰를 잃으면 모든 것을 잃게 되니 작은 약속도 지키려고 노력하는 멋진 남자가 되어라. '거짓말을 밥 먹듯이 하는 남자'로 찍히는 순간, 가정은 풍전등화의 위기를 맞는단다.

아내에 대한 관심의 끈을 놓지 마라

남자들이 흔히 사용하는 "잡은 물고기에는 먹이를 주지 않는 다"는 표현은 일본의 평론가가 만들었어. 여자의 마음을 얻기 위해서 간이라도 빼줄 듯이 굴다가 일단 마음을 얻고 나면 관심이 식는, 연애 또한 일종의 사냥으로 생각하는 남자의 특성이 잘 드러나 있지.

하지만 여자들은 남편으로부터 관심을 받고 싶어 해. 잡은 물고기에 오랫동안 먹이를 주지 않으면 물고기가 죽어버리듯, 남편이 관심을 거두면 사랑 또한 죽을 수밖에 없어.

귀가하면 만사가 귀찮더라도 아내와 대화하는 습관을 길러라. 아내에게 대화는 관심의 표현이고, 부부의 유대감을 느끼게 하는 직접적인 수단이야.

마음만 있고 표현하지 않는 사랑은 짝사랑과 다를 바 없어. 비록 결혼한 사이라 하더라도, 가끔은 꽃이나 선물을 들고 와서 사랑한다 고백해라.

아들아, 행복한 가정을 꿈꾼다면 아무리 바쁘더라도 아내에게서 오랫동안 시선을 떼지 마라. 아내는 어린 왕자에 나오는 꽃과 같아서 관심을 받지 못하면 급속히 시들어버리거든.

양가 부모를 극진히 모셔라

결혼하고 나면 또 다른 부모님이 생기게 돼. 갑자기 새 부모님이 생기면 너도 서먹서먹하겠지만 그분들 역시 서먹서먹해.

쌓인 정이 없으니 아무래도 친부모님보다는 마음이 덜 가겠지. 그렇다고 해서 친부모님만 몰래 챙겨서는 안 돼. 양가 부모님께 공평히 하면 문제가 없지만 자기 부모님만 몰래 더 챙겨주다가 발각될 경우, 부부싸움의 원인이 되거든.

가장 바람직한 것은 남편이 처가에 잘하고, 그에 자극받은 아내가 시댁에 잘하는 거야. 결혼은 두 사람이 살지만 집안과 집안의 결합이기도 해서, 이런 부부들은 위기가 닥쳐도 슬기롭게 넘기는 경향이 있어.

또한 아이들에게도 좋은 본보기가 되지. 이런 부모 아래서 자란 아이들은 어려서부터 효도의 의미를 어렴풋이나마 깨달아 부모의 속을 썩이지 않으려고 노력해.

아들아, 장인과 장모에게 잘하는 것이 결과적으로는 부모에게 효도하는 거야. 물론 직선으로 가면 빠르기야 하겠지만 인생을 살다 보면 때로는 우회할 필요도 있단다.

힘들 때일수록 상황을 알려줘라

인생을 살다 보면 누구나 힘든 날들과 마주하게 돼. 쉬운 예로 직장에서 해고 위기에 놓일 수도 있고, 인간관계 때문에 극심한 스트레스를 받을 수도 있고, 사업이 뜻대로 안 풀려서 파산 직전에 놓일 수도 있어.

불안과 피로, 스트레스가 쌓이다 보면 가까운 사람에게 짜증을 내게 돼. 나는 힘들어 죽겠는데 별것 아닌 일로 사람을 괴롭힌다는 생각이 들거든. 아무리 힘든 시기도 계절처럼 스쳐 지나가게 마련인데, 이 시기에 부부싸움을 하면 별거하거나 이혼할 확률이 높아.

부부는 일심동체(一心同體)라고 하지만 상황을 말해주지 않으면 엉뚱한 오해를 할 수밖에 없어. 힘들고 어려울수록 솔직하게 상황을 알려줄 필요가 있어.

계속되는 야근으로 퇴근이 늦어지면 죽을 맛이겠지만 아내에게 전화해서 상황을 솔직히 말하는 거야.

"여보, 저녁은 먹었어? 오늘도 일이 많아서 열한 시나 되어야 퇴근할 것 같아. 기다리지 말고 먼저 자."

집에서 살림만 한다고 한들 왜 밖에서 힘들게 일하는 남편의 고충을 모르겠니. 치솟는 울화는 일단 가라앉히고 아내와 대화를 나누다 보면, 힘든 시절도 시나브로 추억으로 변해.

아들아, 고된 날들일수록 혼자 끌어안은 채 해결하려 하지 말고 아내와 대화로써 함께 풀어가라. 비 온 뒤에 땅이 굳는다고, 힘든 시절을 함께 겪어내면 부부애도 한층 단단해진다.

육아의 즐거움과 고통을 함께 나눠라

민법에서 정한 부부의 의무는 동거의무, 부양의무, 협조의무 등
세 가지가 있어. 공동체생활을 하며, 상대방의 의식주를 비롯한
생활을 서로 보장해주며, 공동생활에 필요한 것들을 분업에 기초
하여 협력해야 할 의무를 말하지.

사랑스런 아이를 키운다는 것은 큰 즐거움이지만 한편으로는
희생이 따르는 일이야. 법적으로도 남편은 아내의 육아에 협력함
이 원칙이니, 아내의 희생만 강요하지 말고 자발적으로 육아에 참
여하도록 해라.

아이가 느끼는 엄마와 아빠의 영향력은 달라. 엄마 혼자 키울
때보다는 아빠가 함께 키울 때 아이가 정서적으로 안정되고 사회
성과 도덕성이 발달해. 또한 다각도로 자극을 받아서 두뇌도 발달
하지.

어린아이를 키운다는 것은 손이 많이 가는 일이야. 집안 환경도 깨끗하게 유지해야 하고, 아이의 먹거리도 챙겨서 먹여줘야 하고, 트림도 시켜줘야 하고, 기저귀도 갈아줘야 하고, 목욕도 시켜줘야 하고, 어른들의 먹거리도 따로 챙겨야 하고, 설거지도 해야 하고, 빨래도 해야 하고, 젖병이나 놀이기구는 소독해야 하고, 가끔 놀아줘야 하고, 졸려서 칭얼대면 재워야 하고……. 한마디로 혼자서는 도무지 감당할 수 있는 일이 아냐.

아들아, 가장으로서의 책임의식을 갖고 자발적으로 공동 육아를 해라. 때로는 지치고 힘들겠지만 아이의 환한 미소는 그 모든 고통을 상쇄시키고도 남아.

아이는 아버지의 등을 보고 자란다

대개 결혼도 처음이고 육아도 처음이다 보니, 실수하거나 당황하게 마련이야. 누군들 처음부터 척척 잘해낼까.

그래도 다양한 정보가 열려 있어서 부모 세대보다 결혼생활도 훨씬 더 잘하고, 교육 또한 현명하게 잘 시킬 거라고 믿어. 하고 싶은 말은 많지만 세 가지만 당부할게.

하나, 자식교육은 기본이 중요해. AI와 함께 살아가야 할 아이 세대에는 특히 인성이 중요하지. 바른 인성을 갖고 있어야만 AI를 다룰 수 있거든.

둘, 공부하라고 말로만 하지 말고 아빠가 솔선수범해서 공부하는 모습을 보여줘라. 전문가가 되기 위한 공부도 좋고, 외국어 공부도 좋고, 독서도 좋아. 부모가 공부하는 모습을 보고 자란 아이는 책을 가까이해서 생각이 깊은 아이로 자라나.

셋, 가족의 따뜻함을 느끼게 해라. 따뜻한 가정에서 자란 아이들이 따뜻한 세상을 만들지. 가정교육에서 빼놓을 수 없는 부분이야.

아들아, 영국의 시인 조지 허버트는 "한 명의 아버지가 백 명의 선생보다 낫다"고 했어. 아이가 느낄 때 세상에서 제일 좋은 아버지가 되어주어라.

가족을 우선순위에 놓아라

임종을 앞둔 사람들이 죽기 전에 후회하는 것 중 하나가 '일하느라 가족과 함께 따뜻한 시간을 보내지 못했다'는 거야.

남자로 살아가다 보면 해야 할 일이 많아. 크게 네 부류로 나뉘는데, 일·인간관계·가족·건강이야. 어느 것 하나 소홀히 할 수 없고 소홀히 해서도 안 돼. 그래도 굳이 따진다면 '건강 = 가족 〉인간관계 〉일'이 아닐까 싶어.

물론 나이에 따라서, 상황에 따라서 바뀔 수도 있어. 한창 일해야 할 때는 일이 우선순위가 되기도 하는 게 현실이야. 하지만 그렇다 하더라도 마음속으로는 항상 가족을 우선순위에 놓고 살아가라.

아들아, 영국의 시인 로버트 브라우닝은 "행복한 가정은 미리 누리는 천국이다"라고 했어. 뒤늦게 후회하지 말고, 기회가 있을 때 천국의 기쁨을 한껏 누려라.

매일 아침 체중계에 올라가라

 결혼하면 식습관이 변하고, 식습관의 변화는 체중의 변화로 이어지게 마련이야. 대개는 체중이 줄기보다는 늘지.

성인이 되어서 찌는 살은 잘 빠지지도 않아. 근육량은 줄어들고 기초대사량이 떨어지기 때문이야. 살을 빼려면 식단을 조절해서 칼로리 섭취를 줄이는 한편, 운동을 병행해서 기초대사량을 높여야 해.

매일 아침 체중계에 올라가는 것만으로도 적정 체중을 유지하는 데 도움 돼. 갑자기 체중이 늘어나면 잠들기 전에 나트륨 성분이 높은 라면이나 피자 같은 음식을 간식으로 먹어서는 안 된다는 걸 깨닫게 되거든. 또한 체중이 늘어난 날은 운동해야겠다는 생각이 자연스럽게 들어서, 엘리베이터 대신 층계를 이용하게 되고 평소보다 많이 걷게 돼.

아들아, 운동을 생활화할 수밖에 없는 주변 환경을 만들어라. 젊었을 때 체중관리에 실패하면 온갖 질병을 끌어안고 살아야 해.

절제하는 식습관을 길러라

건강을 해치는 가장 큰 원인은 무절제한 식습관이야. 사회생활을 하다 보면 스트레스를 받게 되고, 마땅히 풀 방법이 없다 보니 과식이나 과음을 하게 돼. 먹고 마실 때는 기분이 좋지만 잠시일 뿐 이내 근심에 휩싸이지.

과식은 온갖 질병의 요인이야. 비만은 물론이고 위염, 위궤양, 고혈압, 당뇨, 지방간, 역류성 식도염 등을 불러올뿐더러 활성산소를 생성해서 노화를 촉진해.

또한 알코올은 신체의 면역체계를 무너뜨려서 지방간, 간염, 간암, 고혈압, 뇌졸중, 치매, 심장질환, 구강암, 후두암, 식도암, 잇몸질환, 충치 질환 등을 비롯한 무려 200여 개의 질병을 불러오는 주범이야. 과음하다 보면 알코올 중독자가 될 확률 또한 높아져.

오죽하면 현대의학의 아버지라 불리는 윌리엄 오슬러가 "칼로 죽은 사람보다 과식과 과음으로 죽은 사람이 더 많다"라고 했을까.

아들아, 현대인은 영양과잉 섭취로 말미암아 질병을 키우니 절제하는 식습관을 길러라. 과식보다는 소식이 몸과 마음도 가볍게 한다. 그게 건강과 장수의 비결이란다.

일찌감치 노후를 준비해라

시간의 흐름은 일정하지 않아. 대개 결혼 전에는 천천히 흐르고, 결혼 후에는 급속도로 빨라져. 정신없이 일하고 아이를 키우다 보면 어느새 은퇴할 시기가 되지.

의학 기술의 발달과 공중위생과 영양 개선에 힘입어서, 이제는 100세 시대라고들 하잖아. 은퇴 후에도 행복한 삶을 영위하기 위해서는 미리부터 준비할 필요가 있어.

크게 분류하면 건강 · 정서적 안정 · 인간관계 · 경제로 나눌 수 있는데, 젊었을 때부터 꼭 시작해야 할 것은 노후 자금 마련이야. 노년에 돈이 없으면 비참한 삶을 견뎌야 하거든.

아들아, 저축에도 관심을 가져서 노후에 대한 대비책을 반드시 세워라. 인생 역시 끝이 좋아야 모든 것이 좋으니, 조금이라도 여력이 있을 때 노후를 준비해라.

6

성공을 바라는
아들에게

성공이란 삶의 목적을 깨닫고
잠재력을 전부 발휘하여
남들에게 도움이 되는
씨를 뿌리는 것이다.

_존 C. 맥스웰

원대한 꿈을 꾸되, 구체적인 계획을 세워라

성공하고 싶다면 원대한 꿈을 꾸어라. 너는 무한한 가능성과 잠재력을 지니고 있어. 상상만으로도 가슴 벅찬 꿈을 가슴에 품어라.

그러나 계획은 꼼꼼하게 세워라. 구체적으로 빈번히 측정할 수 있게, 노력하면 달성할 수 있게, 확실히 실현할 수 있게, 기한을 정해놓아라. 한 걸음에 천 리는 갈 수 없지만 꾸준히 걷다 보면 어느새 도달하는 것이 인생이야.

꿈을 상상하고, 글로 써보고, 소리 내서 말하고, 귀로 들어봐. 그러면 네 안의 거인이 서서히 깨어나 꿈의 세계로 너를 데리고 갈 거야.

아들아, 독일의 철학자 프리드리히 니체는 "오랫동안 꿈을 그리는 사람은 마침내 그 꿈을 닮아간다"고 했어. 한 번뿐인 인생인데, 이왕이면 멋지고 아름다운 꿈을 꾸어라.

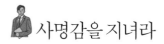 사명감을 지녀라

사명감이란 '맡은 임무를 잘 수행하려는 마음'으로써, 업의 본질이라고 할 수 있지.

단순히 고객에게 서비스를 베풀고 물건을 판매해서는 작은 성공은 거둘지언정 큰 성공은 거둘 수 없어.

예를 든다면 디즈니랜드의 사명감은 단순한 놀이동산이 아닌 '사람들을 행복하게 만드는 곳'이고, 스타벅스의 사명감은 단순히 커피를 파는 것이 아니고 '언제 들러도 환영받을 수 있는 따뜻한 문화'를 만드는 것이야.

성공하고 싶다면 업의 본질을 깨닫고 사명감으로 무장할 필요가 있어. 사명감은 자기 일에 대한 사랑이자 자부심이어서, 그 일 자체를 빛나게 해.

아들아, '고객이 원하는 좀 더 본질적인 것은 무엇인가?'에 대해 고민하면서 너의 사명감을 찾아라. 사명감은 일을 통해 삶의 가치를 실현하겠다는 의지이자 좋은 세상을 만들겠다는 선한 다짐 같은 거란다.

돈이 나를 쫓아다니게 해라

부자가 되고 싶다면 돈의 뒤를 쫓아다니지 마라. 그 뒤에는 수많은 사람이 몰려들어서 경쟁만 치열할 뿐 목돈을 챙기기는 어려워.

사람들이 돈 보따리를 들고서 제 발로 찾아올 수 있도록 헤야만 부자가 될 수 있어. 한국의 부자들은 다양한 일을 하고 있지. 일정 궤도에 올라 있는 사업체를 운영하는 기업가, 건물주, 투자가, 의사, 변호사 기타 등등……. 한 가지 공통점은 가만히 있어도 사람들이 돈 보따리를 들고 제 발로 찾아오는 시스템을 갖추고 있다는 거야.

장사에 특별한 재능이 있거나, 투자 감각이 남다르거나, 아이디어가 남다르거나, 스타가 될 끼를 타고났다거나, 타인을 설득하는 데 탁월한 재주가 있다면 부자가 될 확률이 높아.

베스트셀러 작가이자 성공학 연구가인 나폴레온 힐은 "모든 업적과 부는 아이디어로부터 시작된다"고 했어. 재주도 가진 것도 없다면 다수의 고민이나 불편을 해결해서 인류에 실질적인 도움을 줄 구체적인 방법을 찾아봐.

아들아, 성공하고 싶다면 돈이 나를 쫓아올 환경을 조성해라. 벌이 꽃을 찾아다니듯, 사람들이 목말라하는 것을 제공한다면 자연스레 부자가 될 수 있어.

롤모델을 만들어라

성공의 길로 가는 길은 꽃길이 아니야. 때로는 사막도 건너야 하고, 때로는 정글도 건너야 하고, 때로는 발목까지 빠져서 걸음조차 내딛기 힘든 늪도 건너야 해.

그 길은 한 번도 가본 적 없는 길이다 보니, 아무리 현명한 사람이라고 할지라도 단기간에 수많은 것을 혼자서 결정하기란 쉽지 않아. 결정에는 항상 불안이 따르거든.

그런데 롤모델이 있다면 현명한 결정을 내리는 데 도움이 돼. 동기부여도 되고, 영감도 얻을 수 있지. 결정에 따른 스트레스 또한 덜 받게 돼. 성공에 대한 믿음을 갖고서 앞서간 사람의 발자국을 따라가면 되니까.

아들아, 세상에는 본받을 위인이 밤하늘의 별처럼 많단다. 네가 가고자 하는 길에 등불이 되어줄 롤모델을 찾는다면 한결 수월하게 도달할 거야.

성공한 모습을 구체적으로 상상해라

잠들기 전의 30분은 기억 효과가 가장 높을 때야. 일단 잠에 빠지면 뇌는 효율성을 높이기 위해서 깨어 있을 때 확보한 수많은 정보를 분류 작업해. 장기 보관할 것은 장기 보관창고로 보내고, 한동안 기억해둬야 할 것은 남겨놓고, 잊어도 무관한 것들은 지워버리지.

잠들기 전에 성공한 모습을 구체적으로 상상하면, 뇌는 잠드는 동안에 성공 관련 정보를 저장하고, 성공에 필요한 것들을 샅샅이 뒤져서 찾아내. 그래서 아침에 눈 뜨면 성공을 위해 제일 먼저 해야 할 일들을 떠올리지. 때때로 기발한 아이디어 혹은 잊고 있던 중요한 사실을 떠올리기도 해.

심리학자 디오도어 루빈은 "'나는 무엇이다'라고 생각한 그대로의 그 무엇이 된다. 상상력은 승리자가 되는 최초의 가장 중요한 단계이다"라고 말했지.

아들아, 잠들기 전에 성공한 너의 모습을 구체적으로 그려보아라. 그 모습이 더없이 멋있어 보인다면 너는 반드시 그 꿈을 이뤄낼 거야.

단기 목표가 나의 능력치를 높인다

목표관리만 잘해도 꿈을 이룰 수 있지. 꿈을 포기해버리는 사람들은 대개 목표관리에 실패하기 때문이야.

꿈이 저 멀리 떨어진 섬이라면, 중기 목표는 길게 이어진 다리 중간중간에 서 있는 표지판이고, 단기 목표는 첫 번째 다리라 할 수 있지.

단기 목표는 꿈을 이루기 위해서 내가 당장 해야 할 일이야. 일단 단기 목표를 세우고 나면 우선순위가 무엇인지, 시간을 어디다 얼마만큼 투자해야 하는지 파악할 수 있어.

따라서 단기 목표는 최선을 다해서 반드시 달성해야 하는 과제이므로 너무 길게 잡지 않는 게 좋아. 한 달을 초과하면 심리적으로나 육체적으로나 지칠 수 있거든.

아들아, 성공하기 위해서는 전략과 전술도 중요해. 적절한 단기 목표는 성공 본능을 일깨워주고 능력치를 한껏 높여주니, 반드시 달성해라.

일단 꿈의 초입에 진입해라

마트에서 판매되는 음식에만 유효기간이 있는 것이 아니야, 꿈에도 유효기간이 있지. 수많은 이가 무기력하게 살아가는 이유는, 유효기간이 지난 꿈은 버리고 새로운 꿈을 꾸어야 하는데, 여전히 유효기간이 지난 꿈을 가슴에 품고 있기 때문이야.

공부에도 적절한 시기가 있듯, 꿈을 이루는 데도 적절한 시기가 있어. 직장인이 되고 삶에 매몰되면 꿈은 점점 현실에서 멀어지거든.

꿈을 이루고 싶다면 한시라도 빨리 꿈의 초입이라도 진입해라. 화가가 되고 싶다면 표현하고 싶은 것을 그릴 능력을 갖춰야 하고, 사업가로 성공하고 싶다면 작은 사업이라도 한 번쯤은 시도해봐야 하고, 빅데이터 전문가가 되고 싶다면 관련 과정을 공부해야 해.

'타석에 들어서지 않고는 홈런을 칠 수 없고, 낚싯줄을 물에 드리우지 않고는 고기를 잡을 수 없으며, 시도하지 않고는 목표에 도달할 수 없다'는 말이 있어.

아들아, 세월은 무한정 너를 기다려주지 않으니 꿈을 이루고 싶다면 서둘러라. 유효기간이 지난 꿈을 품고 살아가는 삶은 후회와 회한뿐이야.

준비해놓고 기회를 기다려라

모든 일에는 때가 있게 마련이야. 기회는 누구에게도 찾아갈 수 있지만, 오직 준비된 사람만이 잡을 수 있어.

성공 역량을 갖추는 것도 중요하지만, 위기 상황에서도 기회를 포착할 긍정 마인드와 두려움 없이 도전할 용기가 있어야 해.

대부분이 성공하지 못하는 이유는 아이디어가 부족하거나 실력이 부족해서가 아니라, 기회를 붙잡기 위해서 시꺼먼 구덩이 속으로 과감하게 손을 내밀 만큼 준비가 되어 있지 않기 때문이야.

온갖 역경을 딛고 일어선 오프라 윈프리는 "나는 행운이란 준비와 기회의 만남이라고 생각한다"고 했지.

아들아, 언제 기회가 불쑥 찾아올지 모르니 준비해놓고 기다려라. 살다 보면 반드시 놀라운 행운과 마주치게 마련이다.

혼자 가지 말고 함께 가라

성공에 관한 설계는 혼자서 할지라도, 일을 진행할 때는 함께해야 해. 업무 효율을 높이려면 협력으로 시너지 효과를 내야 하거든. 또한 동료가 있으면 목표에 대한 확신이 커져서 위기 상황도 슬기롭게 넘길 수 있어.

세계적인 정신분석가 윌리엄 C. 메닝거는 "도움 될 사람과 그 일을 함께하라. 누군가와 함께하면 혼자서 하는 것보다 효과적이고, 포기하지 않고 계속해 나아갈 수 있다"고 했지.

인생은 혼자의 힘으로 살아가야 하지만 성공은 함께 써 나아가는 거야. 주변의 인적 자원을 적절하게 활용하지 못한다면 성공은 요원할 수밖에 없어.

아들아, 혼자서는 장군이 될 수 없듯 혼자의 힘으로는 성공할 수 없는 법이야. 누군가의 도움이 필요할 때는 망설이지 말고 도움을 청하는 손길을 내밀어라.

허세를 경계해라

인간은 누구나 자신을 과시하고 싶은 욕망을 갖고 있지. 허세도 그중 하나인데, 정도가 심하지 않으면 괜찮아. 임상심리학자 크레이그 맬킨도 "허세는 건강한 나르시시즘의 일부이다"라고 했으니까.

문제는 허세가 심할 때야. 성공하고 싶은 욕망이 일그러지면 욕심이 되고, 욕심은 허세로 나타났다가 거짓으로 이어지거든.

실력이나 실속이 없으면서 사람들을 향해 자신이 대단한 사람인 것처럼 과대 포장하는 것은 허세야. 그런데 한 발 더 나가서 잘 나가는 사람에게 도움을 받고자 사실이 아닌 것을 사실인 척하면 거짓이 되지.

아들아, 성공하고 싶은 욕망에 눈이 멀어서 진실한 너의 본래 모습을 잃어버리지 마라. 허세는 풍선 같아서 필요 이상 부풀리면 '펑!' 하고 터져버린단다.

배울 점이 있는 사람들과 어울려라

친구는 나의 또 다른 얼굴이야.

어렸을 때는 스스로의 선택보다는 주변 환경에 의해서 친구를 사귀게 돼. 하지만 사회에 나왔다면 배울 점이 있는 사람들과 어울려라. 너의 얼굴이 반짝여야 좋은 여자 친구도 사귈 수 있고 성공할 수도 있거든.

공자는 "자기보다 못한 자는 친구로 삼지 말라"고 했지. 아무리 허물없는 사이가 친구라고 해도, 마음속으로 서로를 경시하거나 욕해서는 안 돼.

재산이나 지식의 많고 적음을 떠나서, 배울 점이 하나라도 있어야만 존경하는 마음을 품을 수 있어. 그래야만 필요할 때 조언을 구할 수 있고 영감도 얻을 수 있지.

아들아, 설령 성별이 다르고 나이 차이가 날지라도 배울 점이 있는 사람들과 어울려라. 원래 참새는 참새끼리, 독수리는 독수리끼리 노는 법이란다.

성공 경험을 정리하고 분석해라

성공담에는 반드시 배울 점이 있지. 특히 그것이 내가 성공했던 경험이라면 특별한 가치가 있어. 어떤 분야든 성공 경험을 차분하게 정리하면서 분석해보아라.

예컨대 대학입시에서 목표를 이뤘다면 시험에 임하는 마인드, 공부했던 과정과 시간관리, 가장 힘들었던 점, 위기 극복 비결 등등을 적어라. 그런 다음 지금 목표로 하는 일에서 성공하려면 어떻게 해야 하는지를 비교 분석해라.

《네 안에 잠든 거인을 깨워라》의 저자 토니 로빈스는 "성공한 사람에겐 모멘텀이 있다. 성공할수록 더 성공하고 싶어지고, 성공할 방법을 더 많이 찾아낸다. 마찬가지로 실패하면 자기 충족적 예언이 될 수도 있는 하강 경향이 생긴다"고 했어.

세상사가 비슷하듯이 성공 시스템도 비슷해. 시스템을 발견한 사람들은 계속 성공하고, 그렇지 못한 사람들은 계속 실패하는 거야.

아들아, 성공 경험을 정리해보면 자신의 장단점을 알 수 있지. 자신감을 갖고 장점을 계속 살려가다 보면 성공 시스템을 발견할 거야.

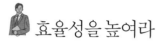# 효율성을 높여라

일을 시작할 때는 반드시 전체적인 계획을 세우고, 가장 효율적인 방법을 탐색해본 뒤 시작해라. 무작정 시작하면 오류가 발생하고, 시간을 비효율적으로 사용하게 돼.

성공에 대한 확신이 있어서 곧바로 시작했다 하더라도, 단기간에 끝낼 수 있는 일이 아니라면 업무의 효율성을 의심해볼 필요가 있어. 생각보다 일이 진전되지 않을 때는 그 원인이 나에게 있는지, 다른 곳에 있는지를 파악해서 개선책을 마련하는 게 좋아.

조직적으로 팀을 짜서 프로젝트를 수행하는 경우라면 소통이 잘되고 있는지, 협업이 제대로 이뤄지고 있는지를 검토해봐. 그런다음 개개인의 능력과 맡은 업무와의 상관관계를 따져보는 거야. 능력 이상 혹은 능력 이하의 일을 맡게 되면 업무의 효율성이 떨어지거든.

보스턴 필하모니의 지휘자 벤 젠더는 리더십에 대해서 이렇게 말하지.

"오케스트라를 지휘하는 지휘자는 자기는 정작 아무 소리도 내지 않습니다. 그는 얼마나 다른 이들로 하여금 소리를 잘 내게 하는가에 따라 능력을 평가받습니다. 다른 이들 속에 잠자고 있는 가능성을 깨워서 꽃피게 해주는 게 리더십 아니겠습니까?"

아들아, 훌륭한 리더는 앞에서 혼자 달리는 사람이 아니라 조직
원들이 제 능력을 발휘할 수 있도록 힘을 북돋워주는 사람이야. 효
율성을 높일 방법을 찾아봐라.

중요한 업무일수록 믿고 맡겨라

동료나 부하 직원을 믿지 못하면 성장에 한계가 있어. 자신이 똑똑하다고 생각하는 사람은 종종 모든 중요 업무를 혼자서 해내려고 하지.

사장이든 팀장이든 간에 조직원의 능력을 믿지 못하면 시너지 효과를 기대할 수 없어. 오히려 팀의 규모가 커질수록 개개인의 역량이 감소하는 '링겔만 효과'가 나타나게 돼.

능력 있는 사람은 사소한 업무 처리에 싫증을 느껴서, 업무에 집중하는 대신 한눈을 팔며 아까운 시간을 낭비하거든.

미국의 교육자 부커 T. 워싱턴은 "누군가에게 책임을 맡기고 그를 신뢰한다는 사실을 알게 하는 것만큼 한 사람을 성장시키는 일은 없다"고 했어.

중요한 업무일수록 업무를 믿고 맡겨야 해. 그래야 부하 직원도 성장하고, 너도 성공에 필요한 더 중요한 일들을 찾아낼 수 있어.

아들아, 리더라면 성과를 혼자 독차지하면 안 되듯 중요 업무를 독차지해서도 안 돼. 부하 직원을 성장시킬 줄 알아야만 진정한 리더야.

책임을 회피하지 마라

리더의 덕목 중 하나는 '책임감'이야. 조직원의 잘못마저도 책임지는 리더는 누구나 닮고 싶어 하지만 막상 눈앞에 닥치면 실행에 옮기기가 쉽지 않아.

사회에서 명망 높은 사람들도 청문회에 나오면, 직접 지시를 내리거나 개입한 일이 분명한 일도 기억이 나지 않는다며 '모르쇠'로 일관하는 것은 이와 무관하지 않아. 일단 불리하다 생각되면 책임을 회피하려 드는 것이 인간의 본성이거든.

아널드 글래스노는 "좋은 리더는 책임질 때 자기 몫 이상을 지고 공을 세웠을 때 자기 몫 이상을 다른 사람의 몫으로 돌린다"고 했지.

좋은 리더는 존경받지만, 책임 회피형 리더는 성공하더라도 외로울 수밖에 없어. 성공 과정에서 자신을 믿고 따랐던 동료나 부하 직원들이 모두 떨어져나가기 때문이야.

아들아, 리더는 권리를 누리는 만큼 지시한 일의 결과에 대해서 책임질 줄 알아야 해. 그래야 조직이 강해져서 더 위대한 일도 해낼 수 있어.

선택과 결정을 믿어라

성공으로 가는 길목에는 무수히 많은 갈림길이 있어. 끊임없이 선택과 결정을 하며 앞으로 나아가야 해. 그러다 보면 문득 '내가 제대로 된 결정을 내린 걸까?' 하는 의문이 들고, 그 일이 실패로 돌아갔을 때는 어리석은 결정을 내린 데 대해서 자책하지.

실패가 계속되면 선택의 갈림길에서 어느 쪽도 선뜻 결정하지 못하는 '결정 장애'에 시달리게 돼. 선택의 여지가 없는 상황에서조차 쉽게 결정하지 못하는 이유는 어딘가에 더 나은 결정이 있을지도 모른다는 불안 때문이야.

결정 장애에서 벗어나는 가장 좋은 방법은 자신의 결정을 믿고 최상의 결과를 도출해내는 것뿐이야. 설령 결과가 마음에 들지 않더라도, 과정에서 몇 가지 실수가 있었을지라도, 결정만큼은 최상이었다고 믿을 필요가 있어. 그래야 다음에 더 잘할 수 있거든.

아들아, 선택의 폭이 좁든 넓든 간에 일단 결정을 내렸으면 최상의 결정이었음을 믿어라. 강한 믿음만이 불확실성 시대에서 성공을 끌어내는 확실한 비결이란다.

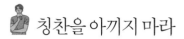 칭찬을 아끼지 마라

리더가 되면 칭찬에 인색해지는 경향이 있어. 그 이유는 두 가지인데, 하나는 눈이 높아져서 부하 직원의 일 처리가 눈에 차지 않기 때문이고, 다른 하나는 칭찬하면 기고만장해져서 일을 열심히 하지 않을까 우려되기 때문이야.

하지만 칭찬은 자신감과 성취감을 주고, 업무에 동기를 부여해서 더 큰 성과를 올리는 원동력이 되지. 또한 칭찬하는 사람의 인격을 돋보이게 하는 효과도 있어.

세계적인 경영 컨설턴트이자 《칭찬은 고래도 춤추게 한다》의 공저자 켄 블랜차드는 리더들이 칭찬에 인색하다며 이렇게 말하지.

"불행히도 대부분의 리더는 직원들이 잘못하고 있는 것을 알아보는 데는 천부적인 소질을 가지고 있는 반면, 그들이 잘하고 있는 것을 알아보는 데는 인색하다. 나는 항상 리더들에게 직원들이 잘하고 있는 것을 찾아내는 데, 적어도 일주일에 한 시간씩은 투자하라고 충고한다."

리더라면 부하 직원이 듣고 싶은 말을 적절한 시기에 해줄 줄도 알아야 해. 기분이 좋아짐과 동시에 충성심도 높아지거든.

아들아, 리더가 칭찬에 인색하면 조직의 능력을 극대화할 수 없어. 존경받는 리더가 되고 싶다면 칭찬을 아끼지 마라.

최고에게 배워라

가장 손쉽고 빠르게 성공할 방법은 무엇일까?

짧은 시간 동안, 최고의 스승에게서 성공 비결을 배워 실행에 옮기는 거야. 배우는 시간이 오래 걸리면 세상이 바뀌어서, 성공 비결이 더 이상 유효하지 않을 수도 있거든.

예컨대 중국 최대의 전자상거래 업체인 알리바바는 아마존과 이베이를 따라 했고, 샤오미는 애플을 따라 해서 성공했어.

모방을 통해서 성공한 기업은 무수히 많아. 한국의 대기업 역시 초창기에는 외국의 선진 기업을 고스란히 벤치마킹했어. 최고에게 배우는 것은 부끄러운 일이 아니야.

고집　　벤치마킹

Future weather

　월마트의 창업자인 샘 월튼은 자서전에서 '나는 아이디어로 충만한 사람이 아니다. 내가 한 일의 대부분은 다른 사람을 모방한 것이다'라고 했고, 혁신의 아이콘인 스티브 잡스도 다큐멘터리에 출연해 "위대한 아이디어를 훔쳤다는 사실에 조금의 부끄러움도 없다"고 말했지.

　벤치마킹은 가장 빠르게 성공할 수 있는 비결이지만 나라마다 환경과 문화가 다르기에 고스란히 따라 하는 건 위험해. 적용이 가능한지, 미흡하거나 보완해야 할 점이 없는지 등등을 먼저 고려해봐야 해.

　아들아, 선두에 가는 사람을 바짝 따라가면 정상에 두 번째로 오를 수 있어. 성공하고 싶은 분야에 관련된 최신 정보에 귀 기울이고, 이왕 배울 바에는 최고에게 배워라.

상황이 나빠져도 신뢰는 잃지 마라

모든 일이 잘 풀리고 마음에 여유가 있을 때 약속을 지키는 일은 누구나 할 수 있어. 그러나 상황이 어려워지고 쫓기다 보면, 약속을 지키기가 어려워져.

사람이 거짓말을 하는 것이 아니라 돈이 거짓말을 하는 법이거든. 약속을 지키고 싶어도 돈이 없으면 거짓말을 반복하게 되고, 결국 쌓아온 신뢰를 하루아침에 잃게 돼.

상황이라는 것 또한 수시로 바뀌지. 문제는 언제 상황이 호전될지 모른다는 거야. 이번 위기만 넘기면 될 것 같은 마음에 약속을 다음으로 미루지만, 상황이 일단 악화되면 금세 호전되는 경우는 흔치 않아.

잘나갈 때는 약속을 한두 번 어겨도 개의치 않지. 하지만 상황이 어려워지면 사소한 약속만 어겨도 목에 핏대를 세워. 세상의 인심이란 게 원래 그래.

상황이 악화되면 약속할 때보다 신중해질 필요가 있어. 냉정하게 상황 판단을 해서, 과연 약속하면 지킬 수 있는지를 검토해봐야 해. 급한 불은 일단 끄고 보자는 심정으로 지키지도 못할 약속을 남발할 경우 신뢰를 잃게 돼.

미국 건국의 아버지라 불리는 벤저민 프랭클린은 "사람은 다른 사람으로부터 믿음과 신뢰를 잃었을 때 가장 비참해진다"고 했어.

아들아, 어려운 상황일수록 부분보다는 전체를 보려고 노력하렴. 신뢰는 거래 비용과 시간을 줄여줘서, 신뢰만 잃지 않는다면 언제든지 다시 일어날 수 있단다.

일찍 성공했다면 겸손해져라

인간은 빈손으로 태어나서 한평생 무언가를 움켜쥐려고 노력하다가 빈손으로 돌아가는 운명을 지녔어.

비록 빈손으로 태어났지만 욕망의 동물이니, 성공이나 부귀영화를 꿈꾸는 것은 지극히 당연한 일이야. 그러나 기울인 노력에 비해서 일찍 찾아온 성공은 경계할 필요가 있어. 그것은 길들지 않은 야생마와 같아서 오히려 주인을 위험에 빠뜨릴 수 있거든.

고난 끝에 성공하거나 부귀영화를 움켜쥐면 장악력이 생겨. 성공하거나 부자가 되기까지의 과정에서 그것들을 누릴 수 있는 일종의 자질을 갖춘 거야. 반면 어느 날 갑자기 성공하거나 일확천금을 쥐게 되면 장악력이 약해. 성공을 누릴 자질이 부족하다 보니 이내 손에 쥔 것을 놓치고 말지.

아들아, 일찍 성공이 찾아오면 겸손한 마음을 잃지 마라. 마음속에 오만이 싹트는 순간, 성공은 재앙으로 바뀌고 만단다.

지름길은 의심해라

세상에서 힘들이지 않고도 쉽게 얻을 수 있는 건 부모의 사랑뿐이야. 성공으로 가는 지름길을 발견했다 하더라도 일단 의심해라.

고수익일수록 위험이 따르듯이 지름길일수록 위험해. 비용이나 시간을 단축하려다가 오히려 큰 손실을 볼 수도 있으니 냉정하게 하나씩 따져봐라.

욕망에 눈이 멀면 이성을 잃게 돼. 사기꾼은 이때를 노리지. 마음을 혹하게 하는 것일수록 한 발짝 물러서서 생각해볼 필요가 있어.

《정상에서 만납시다》의 저자 지그 지글러는 "성공으로 가는 엘리베이터는 없습니다. 계단을 거쳐 올라가야만 합니다"라고 했지.

아들아, 성공의 기쁨을 오래도록 누리고 싶다면 불법이나 편법을 경계해라. 비정상적인 방법으로 쌓은 탑은 오래가지 못하고 이내 허물어진다.

돈의 주인으로 살아라

부자가 되는 건 환영하지만 돈의 노예는 되지 마라. 돈은 인생을 행복하게 살아가기 위한 수단이어야지 목적이 되어서는 안 돼.

돈과 제대로 된 관계를 구축하기 위해서는 세 가지를 명심해라.

하나, 누군가가 필요 이상으로 베푼 호의는 덥석 물지 마라. 그것은 인간관계에서 가장 고전적인 미끼로써 마음의 빚을 남기기 위한 수단이다. 기쁨은 잠시뿐, 언젠가는 그 사람에게 비싼 대가를 지불해야 한다.

둘, 월급날만 기다리는 일꾼은 되지 마라.

일하는 즐거움이 우선이고, 돈은 부수적이어야 한다. 우선순위가 바뀌면 돈의 노예가 되어 평생 돈 벌기 위해서 일해야만 한다.

셋, 돈을 모으는 데 평생을 바치지 마라.

세계 최고 부자인 빌 게이츠와 워런 버핏은 각각 재산의 95%와 99%를 사회에 환원하겠다 약속했고, 그 약속을 지켜오고 있다. 스스로 돈의 주인인 인간임을 선포한 거지.

아들아, 돈을 좋아하고 돈을 존중한다면 그 돈을 부리는 주인으로 살아라. 돈의 노예가 되면 평생 돈 버는 일밖에 할 수 없지만, 돈의 주인이 되면 수많은 일을 할 수 있단다.

원하는 것을 갖고 싶다면 미소를 지어라

세상일이 뜻대로 풀리지 않을 때, 협상이 의도대로 진행되지 않을 때, 갖고 싶은 물건이 있지만 돈이 부족해서 화가 날 때는 미소를 지어라.

미소를 지으면 팽팽했던 긴장의 끈이 풀리면서 비로소 상황을 객관적으로 바라볼 마음의 여유가 생겨. 어떻게 하면 내가 원하는 것을 가질지 전략을 세울 수 있지.

또한 웃음은 전염성이 강해서 한 사람이 웃으면 따라 웃게 돼. 마주 보고 함께 웃으면 친밀한 감정이 싹터서 호의적으로 변해.

《인간의 권리》의 저자 토머스 페인은 "나는 어려움 속에서도 웃음을 잃지 않는 사람을 좋아한다. 그런 사람들은 어려움을 통해 강해지고 용기를 키워가기 때문이다"라고 했고, 시인이자 극작가인 오스카 와일드는 "웃음은 최고의 결말을 보장한다"고 했지.

아들아, 원하는 것을 갖고 싶다면 미소를 지어라. 마지막에 웃는 사람이 최후의 승자라고 하지만, 어려운 상황 속에서도 웃을 줄 알아야 마지막에도 웃게 된단다.

잘나갈 때일수록 조심해라

명성을 얻었을 때나 큰 성공을 거두었을 때는 특히 말과 몸가짐을 조심하라. 뽐내고 싶은 마음이 솟구치고 자신감이 넘쳐서 오만해지기 쉬운 시기이니, 세 가지를 명심해라.

하나, 정상에 서면 멀리까지 내다볼 수 있지만 다른 사람의 눈에도 금세 드러난다. 시기와 질투로 무장한 사람들의 표적이 되기 쉬우니 겸손을 잃지 마라.

둘, 자신감이 지나칠 때는 조금만 부추겨도 이성을 잃고 유혹에 쉽게 빠진다. 성공한 이들이 쉽게 사기당하는 이유도 이 때문이다. 잘나갈 때일수록 자제력을 발휘해야 한다.

셋, 평소에 쓰던 말투도 갑자기 성공한 사람이 사용하면 잘난 척하는 것으로 들린다. 많은 사람 앞에서 말을 해야 할 때는 말하기 전에 한 번 더 생각해라.

'오마하의 현인'이라 불리는 워런 버핏도 "명성을 쌓는 데는 이십 년이라는 세월이 걸리지만, 명성을 무너뜨리는 것에는 오 분도 채 걸리지 않는다. 그걸 명심한다면 당신의 행동이 달라질 것이다"라며 성공할수록 조심해야 한다고 했지.

아들아, 시기와 질투에도 때가 있단다. 사람들이 너의 성공을 당연시하기 전까지는 말과 몸가짐을 각별히 조심해라.

상사에게 하듯 부하 직원을 존중해라

인정받고 싶은 욕구는 인간의 본능이야. 부모, 상사, 동료, 부하 직원, 이성으로부터 인정을 받아야만 생존에 유리하거든.

상사는 부하 직원의 존중을 당연시해. 오래전부터 내려온 관습이기도 하고, 스스로도 그럴 만한 자격이 있다고 생각하기 때문이야. 반면 상사가 부하 직원에게 하는 존중은 특별한 것이어서 쉽게 잊히지 않아.

존중의 리더십으로 명성이 자자한 메리케이 화장품의 창업자 메리 케이 애시는 "나는 직원들을 만날 때마다 그들의 가슴에 '나는 존중 받고 싶다'라고 쓰인 목걸이가 걸려 있다는 생각으로 그들을 대한다"고 했지.

아들아, 인간은 존중받을수록 자신의 가치를 증명하고 싶은 욕구에 사로잡혀. 부하 직원을 존중할수록 상사의 가치 또한 올라가니, 존중하고 또 존중해라.

혼자 있는 시간은 성공의 무기가 된다

사회에서 많은 것을 배울 수는 있어도, 성장은 혼자 있을 때만 비로소 가능해. 사람들과 함께 있는 동안에 뇌는 대화나 인간관계에 신경 쓰기 때문에 나 자신을 전혀 돌아보지 못해.

혼자 있어야만 비로소 나 자신을 돌아볼 수 있고, 습득한 정보를 걸러내서 나의 것으로 만들 수 있고, 바삐 살다 보니 놓쳐버린 중요한 것들을 발견할 수 있고, 성공을 위해서는 반드시 넘어야 할 것이 무엇인지를 알아낼 수 있어.

독일의 작가이자 철학자인 요한 볼프강 폰 괴테는 "인간은 사회에서 어떤 사물을 배울 수 있을 것이다. 그러나 영감을 받는 일은 오직 고독할 때만 가능하다"고 했지.

아들아, 고독을 두려워하지 말고 스스로 고독 속으로 걸어 들어가라. 혼자 있는 시간을 잘 활용하면 성공의 무기가 된다.

성공의 본질을 잊지 마라

사회적으로 성공한 사람 중에는 불행한 사람도 많아. 권력을 얻고 가족을 잃은 사람도 있고, 부귀영화를 얻고 친구를 잃은 사람도 있지.

바둑의 신 이창호는 잡을 수 있는 대마는 놓아주고 크게 이길 수 있는 바둑도 물러서서 간신히 이기곤 했지. 스승인 조훈현이 의아해서 그 이유를 묻자 이렇게 대답했어.

"대마를 잡으려다가 자칫하면 상대방에게 기회를 줄 수도 있습니다. 대마를 살려주는 대신 다른 곳에서 그 대가를 치르게 하면, 몇 집 차이라도 확실하게 이길 수 있기 때문입니다."

바둑의 본질은 대마를 잡고 이기든 반집으로 이기든 간에 승리에 목적이 있지. 큰 집 차이로 이기면 통쾌하겠지만 그 기분에 취해 있다가 종종 역전패하거든.

아들아, 성공의 본질은 행복한 삶에 있단다. 권력의 맛과 돈의 맛에 취해서 성공하려 했던 본래의 목적을 잃지는 마라.

7

고난을 딛고 일어서는
아들에게

장애물과 도전을 극복하지
못한다면 성공은 멀어진다.
반대로 장애물과 도전이
우리를 성공으로 이끈다.
거듭 말하지만 우리는
장애물과 도전 때문에
성공한다.

_리처드 폴 에번스

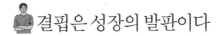결핍은 성장의 발판이다

생명체는 부족한 부분이 있으면 채우려고 시도하지. 살이 파여서 상처가 나면 새로운 살들이 그 자리를 대신하듯이 결핍 또한 마찬가지야.

결핍의 이면에는 성장 에너지가 숨어 있어. 결핍을 느낄수록 성장에 대한 욕구가 커져서 결핍을 해소할 방법을 찾아내.

유대교육의 세계화에 앞장선 글로벌 엑셀런스의 회장 헤츠키 아리엘리가 유대인의 성공 비결로 꼽은 것도 결핍이야.

"유대인의 성공 비결 중 하나는 결핍에 있다. 탈무드에는 '가난한 가정의 아이들 말에 귀를 기울여라. 지혜가 그들에게서 나올 것이다'라는 격언이 있다. 유대인은 결핍을 최고의 선물로 삼아 유일한 자원인 두뇌 개발을 위한 교육에 집중하여 오늘의 성공을 일구었다."

아들아, 경제적 결핍이든 지식의 결핍이든 육체적 결핍이든 결핍은 성장을 위한 발판이야. 때론 결핍이 너를 힘들게 할지라도 무릎 꿇지 말고 그것을 발판 삼아 힘차게 도약해라.

길을 잃었으면 원점으로 돌아가라

유흥지에 놀러 가서 부모를 잃어버렸다면 제자리에 서 있어야 해. 가만히 서 있으면 부모가 찾으러 와주거든. 하지만 어른이 되어서 길을 잃어버렸다면 제자리에 서 있는 건 시간 낭비야. 아무도 데리러 오지 않을 테니까. 그럴 때는 출발 지점으로 되돌아가면서 어디서 길을 잘못 들었는지 찾아봐야 해.

목표를 이루기 위해서는 반복되는 단조로운 삶을 살아야 하는데, 그러다 보면 간혹 삶에 지쳐서 길을 잃어버리기도 해. 열정이 사라졌거나 삶이 무의미하게 느껴지거나 더 이상 발전이 없다면, 원점으로 돌아가서 원인을 찾아볼 필요가 있어. 사명감을 떠올리고 목표를 재정비하면서 나를 설레게 했던 초심을 되살리는 거야.

아들아, 공부하는 즐거움이나 일하는 즐거움을 잊어버렸다면 원점으로 돌아가라. 마음이란 수시로 변하는 것이니, 목표를 재점검하면서 새롭게 다짐해라.

결과를 겸허히 받아들여라

뜻대로 이뤄지지 않은 일에는 미련이 남게 마련이지. 특히 내가 실패한 분야에서 지인이 성공하면 더더욱 그래.

시합에서 패배하면 선수는 인터뷰할 때 "컨디션 조절도 실력이다"라고 하고, 패장이 된 감독은 "운도 실력이다"라고 하지.

당사자인데 분한 마음이야 왜 없겠어. 하지만 결과를 인정하고 겸허하게 받아들여야만, 좀 더 근본적인 패배 요인을 찾아내서 다음 시합을 기약할 수 있거든.

무슨 일이든 시작할 때나 과정에서는 결과에 신경 써야 해. 그래야 최선을 다하게 되니까. 하지만 끝난 일이라면 더 이상 결과에 집착해서는 안 돼.

아들아, 끝난 일이라면 결과에 대한 미련을 내려놓고 이성적으로 패배를 분석한 뒤 다음을 준비해라. 어제의 패배자가 내일의 승리자가 되는 일은 비일비재하단다.

실패했다면 전체를 파악해라

사람들은 대개 실패하면 그 원인을 한두 가지에서 찾아. 예를 들어서 장사하다 실패했다면 '점포 위치가 안 좋았고, 홍보도 부족했어'라고 생각하며 개선책을 궁리해.

물론 그것 때문에 실패했을 수도 있어. 하지만 성공이 그렇듯 실패 역시 종합적인 요인으로 결정돼.

대다수 사람이 실패에 대한 책임을 한두 가지에다 덮어씌우려는 이유는 자신의 총체적 무능을 인정하지 않으려는 무의식적인 심리의 발로야. 자신의 무능을 인정할 경우, 자신감마저 잃어버릴까 봐 두렵기 때문이지.

한두 가지 실패 요인만 개선한 뒤 시작할 경우, 좀 더 나아지기는 하겠지만 다시 실패할 확률이 높아. 여전히 개선되지 못한 실패 요인들이 곳곳에 잠복해 있기 때문이야.

계획을 세우고 도전했다가 실패했다면 총체적 실패였음을 받아들이고, 전반적으로 하나씩 세밀하게 검토할 필요가 있어. 그래야 비슷한 실수를 반복하지 않거든.

아들아, 실패 요인을 찾을 때는 부분에 집착하지 말고 전체를 보아라. 진짜 실패 원인을 알아야만 재기에 성공할 수 있어.

과정이 훌륭했다면 절반은 성공한 셈이다

사람들은 결과에 따라 과정을 제멋대로 판단해. 결과가 좋으면 과정도 훌륭했다고 생각하고, 결과가 나쁘면 과정도 형편없었다고 지레짐작하지.

그럴 수밖에 없는 것이 당사자 외에는 아무도 과정을 세세하게 알 수 없기 때문이야. 하지만 당사자의 양심만은 과정마저도 세세하게 알아.

사업에 실패했음에도 과정이 훌륭했다면, 실패 원인은 두 가지야. 아이템을 잘못 잡았거나 운이 따르지 않았던 거야.

과정이 형편없음에도 성공한 경우라면 다음번에는 실패할 확률이 높아. 운이라는 건 원래 한자리에 오래 머물지 않는 법이거든.

아들아, 성공에 도달하기 위해서는 올바른 과정을 통해서 힘을 축적해야 해. 과정이 훌륭했다면 절반은 성공한 셈이니, 용기를 내서 다시 한 번 도전해라.

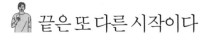 끝은 또 다른 시작이다

일이 뜻대로 풀리지 않고, 의욕도 없지만 해온 관습으로 계속해 나아갈 때도 있어. 그럴 때는 일시적인 슬럼프인지, 성공에 대한 희망이 보이지 않아서 생긴 학습된 무기력인지, 매력이 사라져서 계속해야 할 이유가 없기 때문인지 등등을 생각해봐야 해.

노력과 돈을 쏟아부었다 할지라도 더 이상 계속해야 할 이유가 없다면 과감하게 결단을 내리는 것이 좋아. 확실하게 끝을 내야만 또 다른 시작을 할 수 있거든.

프랑스의 경제학자 프랑수아 케네는 "성공을 뽐내는 것은 위험하다. 그러나 실패를 숨기는 것은 더욱 위험하다"고 했지.

실패를 숨기는 것이 위험한 이유는 새로 시작할 기회를 날려버리는 데다 더 큰 실패를 불러올 수 있기 때문이야.

아들아, 끝은 또 다른 시작이니 실패를 인정하고 받아들여라. 성공이라는 꽃은 실패를 거름 삼아 피는 거란다.

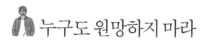 누구도 원망하지 마라

무슨 일이든 실패하면 자책하기도 하지만 때로는 타인을 원망하기도 해. 타인에게 실패의 책임을 전가하면 자신의 잘못이 줄어들거든.

그러다 보니 고시에 실패하면 경제적인 뒷받침이 부족했기 때문이었다고 생각하고, 사업에 실패하면 부모님이나 친구가 도움의 손길을 외면했기 때문이라고 생각하지. 물론 책임을 전가하면 잠시 마음의 위안을 얻을 수는 있지만 발전을 기대할 수는 없어. 부정적인 감정이 인생 전반을 에워싸기 때문이야.

누군가를 원망하는 마음을 놓아줄 때 비로소 부정적인 감정이 긍정적인 감정으로 전환되면서 성공으로 가는 길이 보이지.

아들아, 세상일이 뜻대로 풀리지 않을지라도 다른 사람을 원망하지 마라. 원망은 너의 재능과 세월을 갉아먹는 송충이 같은 거란다.

자존감을 지켜야 기회를 잡는다

 '자존감'이란 '나는 가치 있고 소중하며, 어떤 성과를 이뤄낼 가능성을 지닌 존재'라고 믿는 마음의 상태야. 즉, 자신의 정체성에 대한 평가라 할 수 있지.

좋은 시절에는 대개 자존감이 높아. 하지만 어려운 시절이 되면 자존감이 한겨울의 수은주처럼 뚝 떨어지지.

오랜 시간 공들였던 일이 실패로 돌아가면 자신의 자질을 의심하게 되고, 노력했음에도 상황이 점점 악화되면 기가 꺾이면서 자존감마저 낮아져. 이럴 때는 좋은 기회가 와도 실패에 대한 불안 때문에 차마 붙잡지 못해.

영국의 역사가 토머스 칼라일은 "가장 소름 끼치는 불신은 자기 안에 있는 불신이다"라고 했어. 스스로에 대한 불신은 자신이 지닌 능력을 무기력하게 만들고, 결국 수많은 기회를 앗아가고야 말지.

아들아, 어떤 상황에서도 자존감은 잃지 마라. 자존감을 잃으면 기회를 잃고, 기회를 잃으면 성공을 잃는다.

목표에서 시선을 떼지 마라

마라토너는 지치면 자신도 모르게 고개를 숙이게 돼. 땅을 바라보고 달리다 보면 집중력이 흐트러지면서 시합을 포기하고 싶은 생각마저 들지. 축구선수 역시 지치면 고개를 숙이게 돼. 만사가 귀찮아져서 빨리 시합이 끝났으면 좋겠다는 생각뿐이지.

처음에는 목표를 향해 힘차게 달려가지만, 세월이 흘러도 거리가 좁혀지지 않으면 점점 지치면서 목표를 방관하게 돼. 하루하루 버티기조차 힘들 때는 꿈을 꾼다는 사실 자체가 사치처럼 느껴지기도 하지.

그럴수록 고개를 들고 목표를 바라봐야 해. 상황이 어려워져서 당장 꿈을 향해서 달려갈 수 없다면, 꿈을 이룬 사람들을 만나서 이야기를 들어보거나 수기를 찾아 읽어라. 그러다 보면 다시 도전해보고 싶은 용기가 생겨.

아들아, 마라토너는 결승점을 통과해야만 기록을 인증받을 수 있어. 목표도 마찬가지로 포기하지 않고 끝까지 가는 사람만이 이룰 수 있으니 중도에 포기하지 마라.

시련은 신의 메시지다

살다 보면 모든 희망이 꺼져버린 것만 같은 깜깜한 시절도 와. 아무것도 할 수 없고, 설령 무언가 한다고 해도 무의미하게 느껴질 때가 있지.

그럴 때는 목표를 잘게 썰어서 당장 해야 할 일만 하는 거야. 이때 중요한 것은 방향을 잃지 않는 거야. 제대로 된 방향으로만 가고 있다면 이내 목표가 시야에 나타날 거야.

맹자는 시련 또한 하늘의 뜻이라며 이렇게 말했지.

"하늘이 장차 어떤 이에게 큰일을 맡기려 할 때는 반드시 먼저 그 마음을 괴롭게 하고, 신체를 고단하게 하며, 배를 굶주리게 하고 생활을 곤궁에 빠뜨려, 행하는 일마다 힘들고 어지럽게 한다. 그 까닭은 마음을 흔들어서 참을성과 인내심을 길러줌으로써, 이제까지 해내지 못하던 일을 할 수 있게 해주기 위함이다."

아들아, 시련은 조만간 성공할 수 있다는 신의 메시지니 두려워하지 말고 받아라. 정 힘들면 내일은 생각하지 말고, 지금 이 순간만 충실히 살아가라.

유머 감각을 잃지 마라

일이 잘 풀릴 때는 웃을 일도 많고, 마음의 여유도 있어서 유머
도 즐기게 돼. 명랑해져서 어느 자리에 가도 환영받지. 그러다 일
이 얽히고 뜻대로 안 풀리면 마음의 여유가 사라지면서 웃음마저
사라지게 돼. 모임에 나가도 억지 미소만 짓게 되니 친했던 사람
마저도 소원해져.

상황이 어려울수록 미소를 짓고, 유머 감각을 잃지 말아야 해.
잠시 비극적인 역할을 맡은 희극배우라고 생각하는 거야. 그렇게
잠시 지내다 보면 거짓말처럼 상황이 호전돼.

미국의 코미디 황제 밥 호프는 평생 웃음의 능력을 가까이서 봐
왔다며 이렇게 말하지.

"웃음은 거의 참을 수 없는 슬픔을 참을 수 있는 어떤 것으로,
더 나아가 희망적인 것으로 바꿔줄 수 있다."

*아들아, 유머 감각은 그 어떤 고난이 닥쳐도 반드시 딛고 일어서
게 해준단다. 상황이 어렵고 힘들 때일수록 유머를 즐겨라.*

갑갑한 문제는 운동으로 풀어라

쉽게 해결되지 않는 문제는 극심한 스트레스를 유발하지. 이때 잘못 대처하면 원형 탈모증에 걸리거나 위장 장애 등을 앓게 돼.

이럴 때는 달리기도 좋고, 자전거도 좋고, 테니스도 좋아. 땀을 흠뻑 흘리면서 운동하면 불안감이 가시면서 몸에 활력이 차오르지. 해결할 수 있다는 자신감이 생겨나면서 긍정적인 시선으로 문제를 바라보게 되고, 충분한 산소를 공급받은 뇌는 창의력이 넘쳐나 다각도로 해결 방법을 모색해. 깨어 있을 때 방법을 찾아내지 못할 경우, 수면의 질이 높아져서 잠자는 동안 방법을 찾아내지.

미국의 제35대 대통령 존 F. 케네디는 "운동은 몸의 건강을 위해서 가장 중요할 뿐만 아니라, 다이내믹하고 창조적인 지적 활동을 위한 기반이기도 하다"라고 말했지.

아들아, 문제가 풀리지 않을 때는 머리만 감싸 쥐고 있지 말고 나가서 땀 흘리며 운동을 해라. 뇌에 산소만 제대로 공급해주면 스스로 해결 방법을 찾아낸단다.

도움을 주었으면 잊어라

누군가가 도움을 요청하면 내가 도와줄 수 있는 일인지를 먼저 검토해봐라. 돌려받지 않아도 괜찮다면 기꺼이 도와주되, 반드시 돌려받아야만 하는 돈과 같은 것이라면 친구 사이라도 되도록 거래하지 마라. 못 받게 될 경우, 마음도 상하고 친구도 잃게 돼.

순수한 마음으로 무리하지 않는 선에서 도와주되, 도움을 주었으면 그 즉시 잊어버려라. 도와주는 순간부터 돌려받아야 한다는 생각에서 벗어나지 못할 것 같다면 차라리 돕지 마라. 도움을 주고도 기쁘기는커녕 오히려 화병에 걸릴 수 있다.

《명심보감》에 '은혜를 베풀었다면 보답을 바라지 말고, 남에게 물건을 주었다면 뒤늦게 후회하지 마라'라는 말이 있어.

아들아, 어려운 이웃을 돕는 선한 사람으로 살아가되 보답을 바라지는 마라. 보답을 바라면 바랄수록 마음은 점점 무거워져서, 차라리 돕지 않은 것보다 못한 결과를 낳게 돼.

은혜는 뼈에 새겨라

타인에게 도움을 주고 잊어버렸다고 해서, 도움받은 사실마저 잊어버리지는 마라.

자기 혼자 살기도 벅찬 세상이야. 상대가 아무리 부자이고 씀씀이가 헤픈 사람이라 할지라도 도움을 받았으면 반드시 뼈에 새겨라.

벤저민 프랭클린은 "상처는 모래에 쓰고, 은혜는 대리석에 새겨라"라고 말했고, 요한 볼프강 폰 괴테는 "은혜를 모른다면 근본적으로 결함이 있는 것이다. 그래서 은혜를 모른다면 삶이라는 영역에서 무능한 사람이라고 할 수 있다. 타인의 은혜에 감사할 줄 아는 마음, 그것은 건실한 인간의 첫 번째 조건이다"라고 말했지.

아들아, 세상을 살아가면서 잊지 말아야 할 것 중 하나는 은혜를 갚는 일이란다. 은혜를 입었으면 뼈에 새겨두었다가 반드시 갚도록 해라.

힘든 날은 일찍 마감해라

살아가다 보면 유독 힘든 날이 있어. 이런 날은 업무 효율이 떨어질뿐더러 기분 또한 울적해서 무엇을 해도 즐겁지 않아.

깨어 있으면 뇌가 헛된 망상만 키우니 차라리 일찍 마감해라. 힘들고 괴로워서 술을 마시면 우울감만 더 깊어져. 이럴 때는 되도록 술자리도 피하는 게 좋아.

곧바로 잠자리에 들 수 있다면 좋지만 힘든 날은 잠도 잘 안 와. 짧게라도 운동을 하고 나면 숙면에 도움 될 거야.

잠은 훌륭한 고민 해결사야. 잠자는 동안 뇌가 고민의 상당 부분을 해결해줘. 그래서 자고 일어나면 고민의 크기가 줄어들어 있지. 여전히 해결되지 않은 고민은 시간이 차차 알아서 처리해줄 테니 너무 걱정하지 마라.

미국 제3대 대통령인 토머스 제퍼슨은 "우리는 실제로 벌어진 일보다 앞으로 벌어질 일을 걱정하면서 마음의 고통을 겪는다"고 했어.

아들아, 마음이 무겁고 힘든 날은 일찍 마감하고 잠자리에 들어라. 푹 자고 나면 한결 기분이 나아질뿐더러 세상도 아름답게 보여.

불안하고 초조할 때는 걸어라

중요한 일을 앞두고 있어서 불안하고 초조하다면, 다리를 떨고 있지만 말고 밖으로 나가라. 한 가지 생각에만 골몰하면 심박수가 증가할뿐더러 손바닥에도 식은땀이 나고 생각이 많아져서 집중력이 떨어져.

야외에서 길게 숨을 내쉬었다가 천천히 들이쉬면서, 허리는 반듯하게 펴고 힘차게 걸으면 초조감을 달랠 수 있어.

중요한 일 생각이 여전히 머릿속을 차지하고 있겠지만 굳이 잊으려 하지 말고 강물이 흘러가듯 생각이 흘러가게 놔둬.

《월든》의 작가 헨리 데이비드 소로는 "내 다리가 움직이기 시작하면, 내 생각도 흐르기 시작한다"고 했어.

20분 남짓 힘차게 걸으면 생체 에너지가 활성화되면서 불안과 초조는 가라앉게 돼. 뇌에 혈류량이 늘어나서 오히려 집중력은 높아지지.

아들아, 불안하고 초조할 때는 밖으로 나가서 힘차게 걸어라. 기분 전환도 되고, 뇌 기능도 한결 좋아진단다.

해결책은 글을 쓰며 찾아라

아무리 생각해도 풀리지 않는 문제는 글을 쓰며 해결책을 찾아라. 뇌는 한 가지 생각에 꽂히면 거기서 쉽게 벗어나지 못해. 다각도로 해결책을 모색하고 싶다면 차분하게 글을 쓰며 생각해봐.

먼저 무엇이 문제인지에 대한 정의를 정확히 내려야 해. 그런 다음 뇌를 지배하고 있는 첫 번째 해결책을 제일 먼저 쓰는 거야. 뇌가 가장 많은 에너지를 차지하고 있던 해결책을 내려놓고 나면, 그제야 다른 해결책을 하나둘 내놓기 시작할 거야.

관점을 뒤집어도 보고, 축소나 확대도 해보고, 결합 혹은 분해를 하는 등 다양한 방식으로 접근하다 보면 마음에 드는 해결책을 발견할 수 있지.

해결책을 찾았다면 구체적인 실행 방법을 마련해야 해. 그래야 문제를 완전히 해결할 수 있으니까. 혼자서 해결할 것인지, 누구에게 도움을 청할 것인지 등등을 결정해.

아들아, 복잡한 문제는 글을 쓰며 해결책을 찾는 습관을 길러라. 차분하게 글을 쓰다 보면 뇌는 생각조차 하지 못했던 기발한 해결책을 찾아내기도 한단다.

두려움의 실체를 확인해라

　살다 보면 때로는 감당하기 힘든 불안과 마주하게 돼. 두려움 때문에 숨조차 쉬기 힘들면 외면하지 말고, 정면으로 부딪쳐서 실체를 확인해라.

　공포영화를 보고 나서, 침대 밑에 누군가가 숨어 있는 것 같은 두려움에 사로잡힌 적 있지? 그러다 용기 내서 침대 밑을 들여다보고 나면 거짓말처럼 두려움이 사라지잖니.

　마음속의 두려움도 가만히 놔두면 실제 크기보다 몸을 부풀려. 그럴 때는 두려움의 실체를 확인해보는 거야. 예컨대 파산의 두려움에 떨고 있다면 파산할 가능성을 계산해보고, 실제 파산했을 때 찾아올 현실적 문제들을 해결할 방법을 찾아봐. 정확한 수치로 계산해보고 나면 두려움이 가시면서 마음이 한결 편해질 거야.

　베스트셀러 작가 스티븐 스콧은 "실패에 대한 의식적 혹은 무의식적 두려움은 인생의 모든 분야에서 꿈을 이루려는 당신의 능력을 방해한다"고 했지.

　아들아, 두려움은 헛소문처럼 자신의 실체를 부풀리는 능력이 있으니 반드시 실체를 확인해라. 살아가면서 정말로 두려워해야 할 것은 실패가 아니라 꿈을 잃어버리는 거란다.

바닥을 쳐야 올라간다

　잘 풀리던 일들이 꼬이면서 날개 꺾인 새처럼 추락할 때가 있
어. 어떻게든 수습해보려고 동분서주하지만, 몸만 바쁠 뿐 소득은
없고 점점 상황은 악화로 치닫지.

　윌리엄 셰익스피어의 희곡 〈리어왕〉에는 이런 대사가 있어.

　"하지만 더 나빠질 수도 있어. 지금이 최악이라고 말할 수 있다
면 아직 최악은 아니야."

　인생을 누가 알겠니. 하지만 사방을 둘러봐도 탈출구는 보이지
않고, 이대로 끝나는구나 싶을 때 긴장이 풀어지면서 실없는 웃음
이 실실 나와. 그 순간, 몸속 깊은 곳에서 오기가 치밀어 오르지.
결코 이대로 끝낼 수는 없다는 절박함이 추락하는 몸을 받쳐주고,
반드시 재기하겠다는 의지가 발판이 되어서 용수철처럼 다시 튕
겨 오르게 해.

디오도어 루빈은 "몹시 좌절할 수밖에 없는 사건이 전화위복으로 그 사람의 인생에서 최대의 분기점이 되기도 한다. 전화위복의 기회는 항상 존재한다"고 했어.

아들아, 추락을 겁내지 마라. 실패에 굴복하지 않는 한 반드시 비상할 수 있어.

거절에 익숙해져라

남자는 혼자 힘으로 문제를 해결하려는 경향이 있어. 함께 살아가는 사회에서 타인에게 도움을 청하는 것은 당연한 일임에도 자신의 무능력을 드러내는 일이라고 생각해서 문제를 끌어안은 채 혼자 끙끙대는 경우가 허다해.

시간과 정보가 곧 돈인 사회에서 '능력 있는 사람'이란 혼자 힘으로 문제를 해결하는 사람이 아니라, 빠르고 정확하게 문제를 해결하는 사람이야. 혼자서 풀 수 없다고 판단되면 문제를 해결해줄 사람을 찾아 도움을 요청할 줄 알아야 해.

사람들이 도와달라고 쉽게 손을 내밀지 못하는 이유는 거절에 대한 두려움 때문이야. 그러나 거절도 계속 당하다 보면 익숙해지고, 거절당하지 않는 나름의 노하우를 얻게 돼.

알리바바의 마윈은 성공하고 싶다면 "거절에 익숙해져라"고 말했지. 거절에 익숙해진다는 것은 수없이 도전했음을 의미하거든.

아들아, 혼자 해결하기 어려운 문제는 주저하지 말고 도움의 손길을 청해라. 혹여 거절했다면 나에 대한 거절이 아닌 상황에 대한 거절이니, 낙담하지 말고 거절당한 이유를 분석해봐라. 거절을 승낙으로 바꿀 수 있다면 성공 또한 그리 어렵지 않아.

234

힘들 때는 관점을 바꿔라

심리학에 '플라세보 효과'와 '노세보 효과'가 있어. 가짜 약도 진짜라고 믿으면 긍정적인 효과가 나타나고, 진짜 약도 가짜라고 믿으면 부정적인 효과가 나타나는 현상을 말하지.

당나라로 유학을 떠나던 원효대사가 해골에 담긴 물을 마시고 얻은 깨달음도,《화엄경》의 핵심 사상인 일체유심조(一切唯心造)도 '모든 것은 마음먹기에 달려 있다'는 거야.

성공과 실패 또한 마찬가지야. 일이 뜻대로 안 풀려서 지칠 때는 관점을 바꿔보는 거야. 스스로 조연이라고 생각하면 내 실패는 누군가의 성공을 더욱 빛나게 하기 위한 운명이 돼. 하지만 스스로 주인공이라고 생각하면 실패는 찬란한 성공으로 가기 위한 과정에 불과하지.

아들아, 삶이 유독 힘든 까닭은 네가 주인공으로서의 고난을 겪고 있기 때문이란다. 성공이 멀리 있지 않으니 다시 일어나서 달려라.

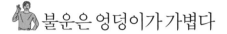불운은 엉덩이가 가볍다

세상만사는 흘러가게 마련이지. 남들이 볼 때는 어떨지 몰라도 당사자 입장에서 본다면, 찾아온 행운이나 불운이 오래도록 머무는 법은 없어. 그래서 '새옹지마', '전화위복', '호사다마'라는 말이 지금까지도 회자되고 있는 거야.

프랑스의 소설가 로맹 롤랑은 "언제까지고 계속되는 불행은 없다. 가만히 견디고 참든지 용기를 내 쫓든지, 이 둘 중 한 가지 방법을 택해야 한다"고 조언했지.

불운은 엉덩이가 가벼운 손님인데, 간혹 비극적인 운명을 스스로 즐기는 마조히스트 성향이 있는 사람은 불운이 못 떠나가게 붙들기도 해.

아들아, 때가 되면 꽃은 다시 피어나고 기운 달도 다시 차오르는 법이야. 장마가 끝나야 햇빛이 밝게 비치듯 불운을 보내줘야 행운이 찾아오니, 미련 없이 보내줘라.

놓아줘야 잡을 수 있다

인간은 평생 무언가를 움켜쥐려고 노력하지. 그러다 보면 어떨 때는 노력에 비해서 과분한 것을 얻기도 하고, 어떨 때는 노력이 무색할 정도로 아무런 소득이 없을 때도 있어.

시도할 만큼 해봤는데 내 것이 아니라고 판단되면 놓아줘라. 몸도 마음도 만신창이가 되기 전에 포기해야 다시 추슬러서 새로운 기회를 잡을 수 있어.

세계적인 경영 컨설턴트 데니스 웨이틀리는 기회에 대해서 이렇게 말하지.

"기회는 배를 타고 오지 않고 우리 내부로부터 온다. 기회는 기회처럼 보이지 않고, 불행이나 실패나 거부의 몸짓으로 변장해서 나타난다. 비관론자들은 모든 기회에 숨어 있는 문제를 보고, 낙관론자들은 모든 문제에 숨어 있는 기회를 본다."

물론 미련도 남고 아쉬움도 남겠지. 그래도 놓아줘라. 어디로 가야 할지, 뭘 해야 할지 막막하겠지만 훌훌 털고 일어나라.

아들아, 꽉 움켜쥐고 있는 것만이 능사는 아니야. 움켜쥐고 있는 것을 놓아줄 때, 비로소 새로운 기회가 찾아온단다.

은둔형 외톨이로 지내지 마라

세상일이 뜻대로 안 풀리고, 그런 실패를 거듭하다 보면 대인 기피증이 생겨. 사람들을 만나면 마치 패배자라고 수군대는 것만 같지.

하지만 그들은 너의 성공이나 실패에 그다지 관심이 없어. 자신들 앞에 놓여 있는 삶을 살아가기도 벅찬 실정이거든.

물론 혼자 있는 시간도 필요하기는 하지만 은둔형 외톨이로 한 달 이상은 지내지 마라. 혼자 지내다 보면 시간의 흐름이 빨라져서 10년, 20년쯤은 순식간에 흘러가.

실패를 인정하고 받아들였으면 사람들과 함께 어울리며 상처를 치유해가라. 그래야 다시 기회를 발견할 수 있고, 자극을 받아서 재기할 수 있어.

영국의 작가 올리버 골드 스미스는 "인생의 최대 영광은 한 번도 실패하지 않는 데 있는 것이 아니라, 넘어질 때마다 다시 일어서는 데 있다"고 했지.

아들아, 마음의 상처가 깊어서 세상이 꼴 보기 싫더라도 너 자신을 동굴에 가두지 마라. 행운은 홀로 있는 깜깜한 동굴이 아닌, 밝고 쾌적한 거리를 서성인단다.

8
지혜로운 삶에
눈떠가는 아들에게

불행하면 인생이 너를
비웃을 것이고,
행복하면 인생이 네게
웃음을 지을 것이다.

_찰리 채플린

인생은 한 번이면 충분하다

2000년대 이후 웹소설 시장은 스마트폰 보급에 힘입어 급성장했어. 몇 개의 장르가 자리 잡았는데, 주인공이 죽었다가 다시 살아나서 성공을 거두는 '환생물'도 그중 하나야.

전생의 기억이나 능력을 간직한 채 다시 살아간다면 여러모로 유리하겠지. 미래는 불확실한 것인데 미래를 알고 있으니, 좀 더 좋은 결과를 낳는 것은 어찌 보면 당연해.

하지만 살아가는 재미는 반감될 것 같아. 미래가 어떻게 펼쳐질지 알 수 없기에 저마다 최선을 다해서 살아가거든. 그런데 미래를 미리 알 수 있다면 약간의 노력만으로도 큰 성공을 거둘 수 있는데 굳이 열심히 살 필요가 있을까?

인생은 한 번 사는 것만으로도 충분해. 단, 제대로 살아야지! 죽음을 직시하고 죽음이 찾아오는 순간까지 남은 인생을 어떻게 살아가야 후회가 없을지 고민하며 산다면, 누구나 멋진 인생을 살 수 있을 거야.

생텍쥐페리는 "사막이 아름다운 것은 어딘가에 샘이 숨어 있기 때문이다"라고 했어. 인생이 아름다운 것도 어딘가에 성공이나 사랑, 행운 같은 것들이 숨어 있기 때문일 거야.

아들아, 생명이 소중하고 아름다운 까닭은 저마다 한 번뿐인 순간을 살아가고 있기 때문이야. 죽음의 신이 언제 찾아올지 모르니, 후회도 없고 미련도 없는 멋진 삶을 살아라.

내 인생의 주인으로 살아라

인간의 뇌는 이성적일 것 같지만 감정적이야. 허점도 많고, 의외로 세뇌에도 약해. '개인은 국가 발전의 수단이 되어야 한다'는 파시즘이 광풍처럼 한 시대를 휩쓸고 지나갔고, 과학과 문명이 발달해도 사이비 종교가 여전히 기승을 부리는 것만 봐도 알 수 있지.

가끔은 스스로 '나는 인생의 주인공으로 살아가고 있는가?' 하고 반문해봐야 해. 주인공으로 살아간다는 것은, 즉 자유인이라는 의미거든.

국가나 사회 혹은 누군가에게 세뇌당해서 꼭두각시처럼 살아가고 있는 것은 아닌지, 돈이나 명예 또는 권력 등을 최고의 가치라고 믿는 사회 분위기에 휩쓸려서 무작정 쫓아가고 있는 것은 아닌지 생각해봐. 나의 가치관이나 신념은 나의 것인지, 세뇌의 결과인지를 차분하게 분석해볼 필요가 있어.

미국의 영화감독이자 배우인 오선 웰스는 "자신이 해야 할 일을 결정하는 사람은 세상에서 단 한 사람, 오직 나 자신뿐이다"라고 말했지.

아들아, 꼭두각시의 삶은 허망할 뿐이니 인생의 주인이 되어라. 발목의 족쇄를 끊고 자유인으로서 원하는 삶을 살아가라.

인생이 흘러가는 방향을 눈여겨봐라

하늘에서 내려다보면 강물이 어디로 흘러와서 어디로 흘러가는지 한눈에 알 수 있어. 하지만 강물 속에 빠져서 정신없이 허우적거리다 보면 도무지 알 길이 없지.

너의 삶이 궁금하다면 매일 하늘을 올려다봐라. 흘러가는 구름도 보고 날아가는 새들도 보면서 인생이 원하는 방향으로 가고 있는지 생각해라. 계획대로 잘 가고 있다면 자신을 격려하고, 원하는 삶과 점점 멀어지고 있다면 더 늦기 전에 방법을 찾아야 해.

미국의 경제학자이자 교수인 메이벨 뉴컴버는 "문제는 목적지에 얼마나 빨리 가느냐가 아니라, 그 목적지가 어디냐는 것이다"라고 했지.

인생은 생각하는 방향대로 흘러가게 되어 있어. 그럼에도 우리가 원하는 인생을 살아가지 못하는 이유는 종종 방향을 잃어버리기 때문이야.

아들아, 하루에 한 번 하늘을 올려다보며 인생이 흘러가는 방향을 눈여겨보아라. 살고 싶은 대로 살아도 허망한 것이 인생이니, 엉뚱한 곳에서 세월을 낭비하지 마라.

생각하는 힘을 길러라

뇌세포는 습관으로 형성된다고 해도 과언이 아니야. 스마트폰이나 텔레비전 등을 들여다보고 있으면 시간은 잘 가지만 뇌가 수동적으로 변해. 수동적인 뇌는 중요한 결정을 내려야 할 때가 되면, 충분한 학습이 되어 있지 않다 보니 갈팡질팡하지.

반면 수학 문제를 풀거나, 과학 실험을 하거나, 야외에서 관찰 활동을 하거나, 여행하거나, 독서를 하면 뇌가 능동적으로 변해. 스스로 생각하는 힘이 강해져서 중요한 결정을 내릴 때도 망설임이 없지.

생각하는 힘을 체계적으로 키우고 싶다면 체험하고, 기록하고, 요약하는 습관을 길러야 해. 그러다 보면 조금씩 생각하는 힘이 강화되고 융합과 복합 능력이 향상되면서 필요한 순간에 영감을 얻게 되지.

미국의 작가 윌리엄 아서 워드는 "작은 생각만큼 성취를 제한하는 것도 없고, 자유로운 생각만큼 가능성을 확장하는 것도 없다"고 했어.

최선을 다했음에도 결과물이 신통치 않다면 반복되는 일상에 매몰된 채 살아가고 있어서 생각하는 힘이 약해진 것은 아닌지 돌아볼 필요가 있어.

아들아, 청춘일 때 다양한 체험과 광범위한 독서로 생각하는 힘을 길러라. 새가 새장을 벗어나야 하늘을 훨훨 날 수 있듯, 생각의 틀을 깨야 멋진 세계가 펼쳐진단다.

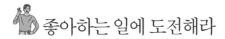 좋아하는 일에 도전해라

"잘하는 일을 하며 살아야 하나요, 좋아하는 일을 하며 살아야 하나요?"

인생의 갈림길에 서 있는 청춘들에게서 가장 많이 들었던 실문이야. 저마다 처한 상황도 다르고, 잘하는 일로 성공할 가능성과 좋아하는 일로 성공할 가능성도 제각각이야. 그래서 어느 쪽 길로 가라고 대답하기가 참 애매해.

그럼에도 대개는 기한을 정한 뒤, 좋아하는 일에 먼저 도전해보라고 해. 일단 부딪치면 명확해지거든. 내가 좋아하는 일을 해서 성공할 가능성은 제로에 수렴한다든지, 예상보다 실력이 빠르게 늘어서 성공 가능성이 보인다든지, 비록 성공 가능성은 작지만 만족도가 높아서 저임금을 감수할 만하다든지 등등…….

좋아하는 일에 도전해봤는데 내 길이 아니라는 판단이 들면, 그때 가서 잘하는 일을 시작하면 돼. 출발 시기가 다소 늦어져서 불안하겠지만 걱정할 것 없어. 좋아하는 일에 대한 미련이 사라졌으니까 집중력이 높아져서 금방 따라붙을 거야.

미국의 배우이자 작가, 변호사, 교사, 성우, 영화 프로듀서인 벤 스타인은 "인생에서 원하는 것을 얻기 위한 첫 번째 단계는 내가 무엇을 원하는지 결정하는 것이다"라고 했어.

아들아, 좋아하는 일이 있다면 혼신을 다해 도전해라. 어떤 결과가 나오더라도 그 시간 자체가 의미 있기 때문에 결코 후회는 없을 거야.

나만의 향기로 머물다 가라

어렸을 때는 시간이 더디게 가서 인생이 무척 길게 느껴져. 어른이 되어서 결혼하고, 할아버지가 된다는 것이 마치 다른 세상의 일 같지.

하지만 막상 살아보면 인생은 허망할 정도로 짧아. 처음에는 느릿느릿 가던 롤러코스터도 일정 구간에 접어들면 빨라지듯이, 서른을 넘어서면서부터는 가속도가 붙어서 점점 빨라지거든.

정신없이 살다가 쉰쯤 되면 인간은 지구에서 잠깐 머물다 가는 여행자라는 사실을 깨닫게 돼. 나뭇잎을 흔들고 지나가는 바람처럼 스쳐 지나가는 것이 인생이라는 것을.

인생은 비록 짧지만 살아가는 방식은 다 달라. 그러다 보니 임종의 순간, 자신의 삶에 대한 평가도 제각각이야.

너는 어떤 인생을 살고 싶니?

미국의 배우 낸시 설리번은 "당신의 행복은 무엇이 당신의 영혼을 노래하게 하는가에 따라 결정된다"고 했어.

　너는 무엇에 매혹되어서 무슨 일을 하며 살아가게 될까? 그 일이 무엇이든 간에 처음에는 다소 헤맬지라도 결국 멋지게 잘해낼 거라고 믿어.

　아들아, 다른 사람과 비교하며 그들의 향기를 부러워하지 말고 나만의 향기로 나만의 인생을 살아라. 소유하고 있는 것들을 사랑하고 현재의 순간을 마음껏 즐기면서!

'함께'의 즐거움을 놓치지 마라

인간은 혼자일 때보다 함께 있을 때 안정감과 더불어 은은한 즐거움을 느껴.

인간의 뇌는 제일 안쪽에 '파충류의 뇌'로 불리는 뇌간, 중간에 '포유류의 뇌'로 불리는 변연계, 바깥쪽에 '인간의 뇌'로 불리는 대뇌피질로 형성돼 있어. 감정은 주로 변연계에서 다루지만, 변연계와 대뇌피질과도 밀접하게 연결되어 있지.

사랑, 기쁨, 희망, 감사, 용서, 연민 등과도 같은 긍정적인 감정들은 인류의 진화 과정에서 무리를 지어 생활하다 보니 자연스럽게 형성되어서 주로 인간관계를 통해 느낄 수 있어.

오늘날 우울증이 전염병처럼 급증하는 원인 중 하나는 인간관계가 제대로 이루어지지 않기 때문이야. 혼자 있는 시간이 늘어나고 마음을 주고받는 관계가 아닌 형식적인 관계만 남다 보니 뇌가 고립감을 호소하는 거지.

프리드리히 니체는 "아침에 눈뜨면 '오늘은 한 사람에게만이라도 기쁨을 주겠다'는 마음으로 하루를 시작하라"고 했어.

아들아, 일에 몰입하는 것은 좋지만 관계에서 오는 즐거움을 잊고 살지는 마라. 함께 나누고, 함께할 때 인생의 즐거움도 배가 된다.

한자리에 오래 머물지 마라

그리스의 철학자 헤라클레이토스는 "이 세상에서 변하지 않는 것은 오직 '변한다'는 사실뿐이다"라고 했지.

세상의 모든 것은 변화하면서 시간의 강물과 함께 흘러가. 따라서 그 어떤 자리라도 안주해서는 안 돼. 변에서 머물다 보면 어느새 중앙에 와 있고, 중앙에서 머물다 보면 어느새 변에 와 있지.

지식도 다르지 않아. 낡은 지식이어서 작정하고 새로운 지식으로 무장해도 공부를 게을리하면 이내 낡은 지식이 돼.

실패나 성공 또한 마찬가지야. 실패를 통해서 성공하기도 하지만 성공에 안주하려다 보면, 그동안 나를 성공으로 이끌었던 비결이 실패의 요인이 되거든.

아들아, 세상의 변화를 온몸으로 받아들이되 그 어디에도 안주하지 마라. 인생이란 죽는 그 순간까지 끊임없이 배우고 도전하는 거야.

긍정적으로 생각하되 현실을 외면하지 마라

세상은 빛과 어둠으로 이루어져 있어. 서로 반대되는 개념이지만 빛은 어둠이 있어서 존재하고 어둠은 빛이 있어서 존재하지.

인간의 마음에도 빛과 어둠이 공존하고 있어. 아무리 긍정적인 사람이라도 그 내면에는 어둠이 존재하고, 아무리 부정적인 사람이라도 빛이 존재해.

스위스의 심리학자이자 정신과 의사인 칼 구스타프 융은 건전한 정신은 빛과 어둠의 균형에서 온다고 생각했어.

"행복한 삶도 어둠 없이는 가능하지 않으며, 슬픔으로 삶의 균형이 잡히지 않는다면 '행복한'이라는 말은 그 의미를 잃게 될 것이다."

긍정적인 마인드도 좋지만 현실을 외면해서는 안 돼. 지나친 낙관주의는 오히려 상황을 더 악화시킬 수 있거든.

그렇다고 어둠을 계속 들여다보며 비관주의자가 되어서도 안 돼. 현실을 직시하되 희망을 갖고 타개책을 찾을 필요가 있어.

아들아, 긍정적인 마인드로 인생 전반을 바라보되 현실을 외면하지 마라. 희망이라는 열차의 출발지는 바로 네가 발을 딛고 있는 그 자리야.

소소한 행복을 발견해라

행복은 직업에 담겨 있지도 않고, 돈에 묻어 있지도 않고, 물건 속에 숨어 있지도 않고, 사람이 품고 있지도 않아. 세상사는 계속되는 사건의 연속인데, 행복은 그것들을 어떻게 받아들이고 느끼느냐의 문제야.

세상사 모든 일은 마음먹기에 달려 있다고 하듯, 행복 또한 마음먹기에 달렸어. 어떤 이는 사랑하는 사람과 특급 호텔에서 최고급 와인을 마셔도 불행하고, 어떤 이는 동네 편의점에서 혼자 맥주를 마셔도 행복하지.

행복은 습관이야. 불행한 사람들은 일상의 곳곳에 숨어 있는 불행을 발견하는 반면, 행복한 사람들은 일상의 곳곳에 숨어 있는 행복을 발견해.

미국 배우 존 베리모어는 "행복은 때때로 열어놓은 줄 몰랐던 문으로 몰래 들어온다"고 했지. 행복을 찾는 습관을 지닌 사람들은 예상치 못했던 곳에서 행복과 만나. 하물며 월요일 출근길 아침햇살 속에서도 행복을 찾아낼 수 있지.

아들아, 인생이란 소소한 것들로 이루어져 있어. 원대한 꿈을 꾸며 살아가되, 일상의 소소한 행복을 놓치지 마라.

단순하게 살아라

세계적인 패션 디자이너들의 단골 메뉴는 흑과 백이야. 흑과 백은 단순해 보여도 화려한 컬러를 뛰어넘는 특별한 아름다움이 있지.

스티브 잡스 또한 단순한 디자인을 추구했는데, 불필요한 것들을 제거하고 나면 본질적인 부분만 남아 더욱 정교해지기 때문이라는 거야.

인생도 비슷해. 소모적인 시간을 아껴서 집중해야 할 곳에 투자하면, 성공적인 삶을 살 수 있어. 똑같은 백 년을 산다 해도 좀 더 알찬 삶을 살 수 있지.

노벨 물리학상 수상자인 미국의 리처드 파인만은 "진리는 언제나 아름다움과 단순함으로 인식할 수 있다"고 했어.

아들아, 세상사 복잡해 보여도 단순한 곳에 진리가 있고 단순한 삶 속에 행복이 깃들어 있단다. 온전한 인생을 살고 싶다면 삶에서 불필요한 것들을 제거해라.

배려할 줄 알아야 어른이다

아이들은 가르쳐주기 전에는 배려를 몰라. 타인을 배려하려면 도와주거나 보살펴줘야 하는데, 그러기 위해서는 자신의 것을 양보할 줄 알아야 하거든.

인간은 이기적인 동물이어서 '나'를 최우선시해. 하지만 인간이 다른 동물과 다른 점은 나를 앞세우고 싶은 욕구를 다스려 배려할 줄 아는 존재라는 거야.

나만 알고 타인을 배려할 줄 모르는 사람은 나이만 먹었지, 어른이라고 할 수 없어. 나와 가치관과 생각이 다를지라도 상대방의 말과 행동을 존중할 줄 아는 사람만이 진정한 어른이야.

미국의 경제학자 토머스 소웰은 "예의와 타인에 대한 배려는 푼돈을 투자해 목돈으로 돌려받는 것이다"라고 했어. 당장은 손해여도 결국 훌륭한 인생을 사는 셈이니 남는 장사지.

아들아, 타인을 배려할 줄 아는 사람만이 성숙한 삶을 살아갈 수 있어. 어려운 사람에게 친절을 베풀고, 말 한마디 건넬 때도 배려하는 마음을 잊지 마라.

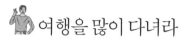 여행을 많이 다녀라

인간은 다양한 경험을 통해 성장해.

일상은 반복되는 것이어서 예측 가능하므로, 안정감은 있지만 설렘이나 신선함을 기대하기는 힘들어. 여행을 다니다 보면 일상에서 느낄 수 없었던 특별한 감정을 느낄 수 있고, 시각이 바뀌어서 전에는 생각하지 못했던 깨달음을 얻을 수도 있지.

1년에 두 번쯤은 작정하고 여행을 가거라. 낯선 풍경을 보면서 걷고, 느끼고, 생각해라. 여행은 인생의 가장 큰 즐거움 중 하나야.

프랑스의 작가 아나톨 프랑스는 "여행이란 우리가 사는 장소를 바꿔주는 것이 아니라 우리의 생각과 편견을 바꿔주는 것이다"라고 했지.

아들아, 젊어서의 풍부한 경험이 인생을 풍요롭게 해. 시간과 기회가 있을 때마다 여행을 다니면서 안목을 높이고 사고의 폭을 키워라.

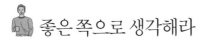# 좋은 쪽으로 생각해라

사람들의 말과 행동에는 본래의 뜻이 숨겨져 있는 경우가 허다해. 그래서 어떨 때는 한 것도 없는데 과분한 감사를 받고, 어떨 때는 도움을 주고도 오히려 욕을 먹기도 하지.

인간관계라는 것 자체가 서른 다른 개체의 만남이다 보니 소통이 명확하지 않을 때가 많아. 하라는 건지 하지 말라는 건지 모호할 때도 있고, 칭찬한 건지 욕한 건지 헷갈릴 때도 있고, 까닭 모를 언짢은 반응으로 불쾌할 때도 있지.

이해할 수 없거나 해석이 헷갈릴 때는 좋은 쪽으로 생각해라. 인간관계에서 소통의 잡음으로 말미암은 스트레스는 예민한 사람이나 부정적인 마인드를 지닌 사람들의 몫이야.

세월이 흘러 진실이 드러나는 때도 있지만, 대부분은 세월과 함께 묻혀버리거든. 상대방은 두 다리 쭉 펴고 잠든 밤, 혼자만 온갖 망상 속에서 뒤척이며 고민하지 마라.

그리스의 철학자 아나카르시스는 "인간은 자신의 혀와 성욕과 마음을 제어할 줄 알아야 한다"고 했어.

아들아, 마음이 혼란스러워 야생마처럼 날뛰려고 할 때는 재빨리 '긍정'이라는 이름의 당근을 줘라. 인생이 그토록 짧게 느껴지는 까닭은 헛된 망상과 헛된 고민에 사로잡혀서 살아가기 때문이야.

마음의 소리에 귀를 열어라

마음은 외부의 자극에 일일이 반응해. 곧바로 반응을 표출할 때도 있지만 반응을 감출 때도 있어.

어떤 것은 계속 생각하기 불편해서 외면해버리고, 어떤 것은 불화를 불러올까 봐 두려워서 묻어버리고, 어떤 것은 불가능하다는 선입견 때문에 지워버려.

바쁘게 살다 보면 자연스럽게 잊히는 것도 있고, 불편함이나 억울함이 마음속에 폭설처럼 쌓여서 병이 되는 것도 있고, 어느 날문득 떠올라서 머리카락을 쥐어뜯으며 때늦은 후회를 하는 것도 있지.

마음이 불편해하는 소리가 들리면 혼자만의 시간을 가질 필요가 있어. 곰곰이 생각한 다음 스스로 묻고 대답해봐. '뭐가 문제야?'라고 물은 뒤, 마음을 불편하게 한 문제점을 정확히 요약해서 한두 마디로 대답하는 거야. 그런 다음 다시 질문을 던져.

'왜 외면하려는 거야?'

'두려워하는 것이 무엇인데?'

'불가능하다고 생각하는 이유는?'

명확하게 질문하고 솔직하게 대답
하다 보면, 마음을 불편하게 했던 현
실의 문제점을 해결해서 좀 더 쾌적한
삶을 살아갈 수 있어.

무함마드 이후 가장 위대한 무슬림이라 불리는 알 가잘리는 "마
음은 눈이 볼 수 없는 것을 꿰뚫어 본다"고 했지.

아들아, 마음의 소리에 귀를 열고 살아라. 고인 물은 자주 갈아
주지 않으면 썩듯이, 마음도 자주 청소해주지 않으면 병을 불러오
거든.

좋은 사람과 사귀어라

'콩 심은 데 콩 나고 팥 심은 데 팥 난다'는 속담처럼 인간관계도 비슷해. 평소에 좋은 사람과 사귀어 버릇하면 인생이 점점 즐거워져.

사람은 저마다 장단점이 있어. 특별한 능력을 지녔지만 재미없는 사람도 있고, 지극히 평범하지만 함께하면 재미난 사람도 있어.

어떤 사람이 좋은 사람인지 구분하기 애매할 때는 성품을 보고 판단해라. 성품이 글러 먹은 사람은 모래사막 같아서 아무리 공을 들여도 장미 한 송이 피우지 못하고, 설령 피운다 해도 오래가지 못해. 반면 성품이 바른 사람은 토양이 좋아서 작은 씨앗을 하나 뿌렸을 뿐인데도 세월이 지나면 주렁주렁 열매를 맺지.

리더십 관련 책을 써서 세계적인 베스트셀러 작가가 된 존 맥스웰은 이렇게 말했어.

"많은 사람이 지식으로 잠시 성공한다. 몇몇 사람은 행동으로 조금 더 오래 성공한다. 소수의 사람은 인격으로 영원히 성공한다."

아들아, 타인을 밟고 올라서려는 이기적인 사람보다는 성품을 갖춘 사람을 가까이해라. 성공이 목적인 친구는 너를 배 아프게 할 뿐이지만 성품을 갖춘 친구는 인생의 즐거움을 준다.

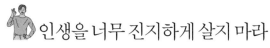# 인생을 너무 진지하게 살지 마라

인생에 대해서 생각하며 사는 것은 좋아. 하지만 지나치게 진지하지는 마라. 필요하다면 한두 해쯤은 철학자처럼 살아도 무난하지만 평생을 진지하게 보내지는 마라.

생각이 많으면 행동이 굼떠져서 망상만 늘어나. 아무리 방대한 지식을 갖고 있다 해도 행동으로 옮기지 않으면 죽은 지식일 뿐이야.

생각만 하는 사람이 되어서도 안 되고, 일만 하는 사람이 되어서도 안 되고, 놀 줄만 아는 사람이 되어서도 안 돼. 생각도 하고, 일도 하고, 놀 줄도 알아야 제대로 인생을 사는 거야.

알베르트 아인슈타인은 "인생은 자전거를 타는 것과 같다. 균형을 잡으려면 움직여야 한다"고 했고, 찰리 채플린은 "웃음이 없는 하루는 낭비한 하루다"라고 했지.

아들아, 인생은 수수께끼라고 하지만 수수께끼를 푸는 데 인생을 낭비하지는 마라. 풀 수 없을뿐더러 설령 노년에 푼다고 해도 청춘으로 돌아갈 수는 없단다.

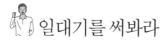 일대기를 써봐라

인생을 어떻게 살아야 할지 막연하다면 네 일대기를 작성해봐라. 중요한 사건들을 대략적으로 적어놓고, 쓰고 싶은 대로 세세하게 써보는 거야. 연도별로 작성해도 되고 순서를 바꿔도 돼.

기억에 남는 사건들이나 중요한 사건들 위주로 쓰는 거야. 기억에 남는 이유나 중요하다고 판단한 이유는 무엇이며, 과정과 결과는 어떠했으며, 그 사건이 미친 파장까지 상세하게 적어봐.

뭉뚱그려서 알고 있는 것과 직접 기록해보는 것은 느낌이 완전히 달라. 기록하다 보면 놓쳤던 것들을 발견할 수 있고, 새로운 방식에 눈을 뜰 수도 있어.

《군주론》의 저자 니콜로 마키아벨리는 "미래를 내다보고자 하는 자는 과거를 돌아봐야 한다. 인간사는 선대의 그것을 닮게 되어 있다. 그 까닭은 그 사건들이 그때 살던 사람이든 지금 사는 사람이든 같은 성정을 지닌 사람들에 의해 창조되고 생명을 얻었기 때문이다"라고 했지. 인간은 깨달음을 얻지 못하면 똑같은 실수를 반복하게 되어 있어.

아들아, 살아갈 날들이 궁금하면 지나온 날들을 살펴라. 어떻게 살아가야 할지 확신이 서지 않을 때는 일대기를 쓰며 생각해봐라.

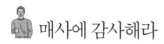 매사에 감사해라

욕망은 끝이 없는 사막과도 같아. 특히 물질에 대한 욕망은 많이 차지하면 할수록 더 큰 갈증을 불러오지.

프랑스의 사상가이자 소설가인 장 자크 루소는 "욕망은 우리를 자꾸자꾸 끌고 간다. 도달할 수 없는 곳으로 끌고 간다. 우리의 불행은 거기에 있다"고 했지.

욕망을 다스리는 비결은 감사하는 마음이야. 내가 가진 것에 감사할 때 마음의 평화가 찾아오면서 비로소 욕망에 대한 갈증이 해소돼.

물질에 대한 욕구도 그렇지만 권력이나 성공에 대한 욕구 또한 자연스러운 거야. 문제는 욕망이 도에 지나쳐서 수단과 방법을 가리지 않을 때야. 욕구가 욕심이 되면 결국 욕망의 노예가 돼.

미국의 작가 존 밀러는 "사람이 얼마나 행복한가는 감사함의 깊이에 달려 있다"고 했어. 내가 지닌 것에 감사하는 마음을 갖게 되면, 뇌에서는 행복 호르몬이라 불리는 세로토닌이 분비되거든. 그 순간, 온전한 내 삶의 주인이 되었음을 자각할 수 있지.

아들아, 매사에 감사하는 사람만이 신의 은총을 느낄 수 있단다. 작은 것에도 감사하며 기쁨으로 충만한 인생을 살아라.

예술을 가까이해라

제4차 산업혁명 시대에 접어들면서 창의성의 중요성이 점점 커지고 있어. 시대가 바뀌면 예술의 표현 방식도 바뀌게 마련인데, 미래 예술은 지금까지와는 다를 거야.

인공지능이 광범위한 양의 학습을 바탕으로 해서 예술가로 변신하게 돼. 지금까지는 인간만이 할 수 있었던 그림을 그리고, 글을 쓰고, 음악을 창작하는 세상이 오는 거야.

그렇다고 기존의 예술가가 사라지는 건 아냐. 인간도 창의성을 발휘해서 가상현실(VR), 증강현실(AR), 로봇, 3D 프린터 등을 활용한 작품 활동을 할 거야.

미래 예술은 과학 기술과 창의력의 융합으로, 인간의 본질을 비롯한 다양한 질문을 던지게 될 거야. 과학 기술이 가져다준 편리해진 삶에 매몰되면, 본질적인 것을 잃어버릴 수 있거든.

요한 볼프강 폰 괴테는 예술에 대해서 이렇게 말했지.

"예술은 우리의 영혼을 일깨우고 우리의 영혼을 성장시키는 데 도움을 준다. 마치 어미 새가 어린 새를 키우고 돌보는 것처럼."

아들아, 인간다운 삶을 영위하고 싶거든 예술을 가까이해라. 예술은 인생에서 무엇이 중요한지 물음을 던져 너 스스로 답을 찾게 한단다.

# 삶을 사랑해라

사랑이란 무엇일까? 민족문화대백과사전은 사랑에 대해서 '사람이나 존재를 아끼고 위하여 정성과 힘을 다하는 마음'으로 정의하고 있어.

인간은 탄생, 노화, 질병, 죽음을 겪어야 하는 존재야. 또한 기쁨과 노여움, 슬픔과 즐거움으로 일희일비하는 존재이기도 하지.

후회 없는 삶을 위해서는 그 어떤 순간에도 자신의 삶을 끌어안고 사랑하는 습관을 길러야 해. 가족과 연인을 사랑하고, 빠짐없이 찾아오는 하루하루를 사랑하고, 내가 하는 일을 사랑하고, 무엇을 하든지 간에 지금 이 순간을 사랑하는 거야.

자메이카의 싱어송라이터 밥 말리는 "당신이 사는 삶을 사랑하라. 당신이 사랑하는 삶을 살아라"라고 말했어.

잠깐 머물다 가는 손님은 자신이 머무는 숙소를 사랑하지 않아. 주인만이 애정 어린 손길로 가꾸고 꾸밀 뿐이야. 내 삶을 사랑해야만 비로소 내 삶의 주인이 되는 거야.

아들아, 그 어떤 고난이 닥칠지라도 삶을 사랑해라. 고난이 깊을수록 인생은 찬란하게 빛나는 법이란다.

품격 있게 말하고 행동해라

20세기까지만 해도 목적의식이 분명한 돈키호테형 인간이 성공했어. 닫힌 사회였기 때문에 수단과 방법을 가리지 않고 달려들면 성공 가능성이 컸지.

그러나 21세기는 정보를 공유하는 열린 사회야. 개인적으로는 인격이 중요한 덕목이 되었고, 사회적으로는 공정이 중요한 화두로 떠올랐어. 시대가 바뀐 걸 인식하지 못한 많은 이가 기존의 성공 비결을 고집하다 고난을 겪거나 몰락했지.

개인의 능력 못지않게 중요한 것이 인격이야. 인격을 갖추지 못한 사람은 운이 좋아서 성공하더라도 오래가지 못해. 어떤 계기로 본성이 드러나면 소문이 급속도로 퍼져서 모든 사람이 일제히 등을 돌리거든.

미국 대학 농구에서 88연승 신화를 일궈낸 존 우든 감독은 이렇게 말했지.

"명성보다는 자신의 인격에 관심을 둬라. 왜냐하면 인격은 진정으로 내가 누구인지를 말해주기 때문이다. 그러나 명성은 나에 대한 다른 사람의 생각일 뿐이다."

열린 사회에서는 인격을 갖추지 못한 사람의 명성이란 바람 앞의 등불 같은 거야. 언제 꺼지게 될지 몰라 불안불안하지.

아들아, 인격을 갖춰서 품격 있는 삶을 살아라. 품격 있게 말하고 행동하다 보면 어느새 성공한 네 모습을 발견할 거야.

배움의 즐거움을 누려라

동물은 모두 호기심을 갖고 있지만, 인간의 호기심은 특별히 강해. 생존과 관계없는, 아무런 보상이 주어지지 않는 상황에서도 호기심을 해결하려고 뇌를 사용하지. 그것은 배움에서 순수한 기쁨을 얻는 존재이기에 가능한 거야.

호기심은 창의력을 끌어올려서 삶을 편리하게 하는 새로운 물건을 발명해내는 등 인류 문명을 이끌어온 일등 공신이야. 호기심은 배움으로 연결되고, 배우기 위해서는 몰입해야 해. 무언가에 몰입하면 뇌에서는 도파민과 세로토닌 같은 신경전달물질이 분비돼. 도파민은 활력과 성취감을 통한 행복감을 주고, 세로토닌은 긍정 마인드와 함께 은은한 즐거움을 줘.

비즈니스 컨설턴트이자 베스트셀러 작가인 브라이언 트레이시는 "평생 배움에 힘써야 한다. 정신에 담고 머리에 집어넣는 것, 그것이 우리가 가질 수 있는 최고의 자산이다"라고 했지.

아들아, 평생 배움의 즐거움을 만끽하며 살아라. 배움을 멈추는 순간, 삶이 시들해지면서 본격적인 노화가 찾아온단다.

생의 한가운데서 변화 그 자체를 즐겨라

인생은 수레바퀴처럼 굴러가게 마련이야. 네가 세상에 태어나는 순간부터 변화는 시작되었고 현재도 진행 중이지.

결코 한순간도 제자리에서 머무는 법이 없어. 네 안에서 변화가 일어나지 않는다고 해도 밖에서는 끊임없이 변화하는 중이거든.

물론 삶에도 변화가 일어나. 일하고 사랑하고 아이를 낳아 키우다 보면, 계절도 바뀌고 세월도 흘러가지. 때로는 실패의 아픔에 통곡하기도 하고, 때로는 성공의 기쁨에 젖어서 함성을 지르기도 하겠지.

그러다 어느 날, 거울 앞에서 백발이 된 머리카락과 주름살을 들여다보며, 지나온 인생을 되돌아볼 거야. 그때 너는 어떤 감정에 사로잡힐까?

변화를 두려워하지 말고 변화 그 자체를 즐겼으면 해. 영국의 생물학자 찰스 다윈은 "살아남는 것은 가장 강한 종이나 가장 똑똑한 종이 아니라, 변화에 잘 적응하는 종이다"라고 했지.

아들아, 그 어떤 상황에 놓이더라도 두려워하지 말고 변화 그 자체를 즐겨라. 좋은 일은 좋은 일대로, 나쁜 일은 나쁜 일대로 의미가 있는 거란다.

인생을 어떻게 살면
좋겠냐고 묻는
아들에게

1판 1쇄 발행 2021년 6월 25일
1판 6쇄 발행 2021년 7월 26일

지은이 | 한창욱
펴낸이 | 최윤하
펴낸곳 | 정민미디어
주 소 | (151-834) 서울시 관악구 행운동 1666-45, F
전 화 | 02-888-0991
팩 스 | 02-871-0995
이메일 | pceo@daum.net
홈페이지 | www.hyuneum.com
편 집 | 미토스
표지디자인 | 강희연
본문디자인 | 디자인 [연:우]

ISBN 979-11-91669-02-2 (03320)